JEAN-LUC
MÉLENCHON

Qu'ils s'en aillent tous !

Vite, la révolution citoyenne

DOCUMENT

J'AI LU

Pour Églantine

« La nature et l'histoire malgré leur brutalité
et leur férocité sont un cri d'espoir. »

Jean JAURÈS, Buenos Aires, 1911

« Qu'ils s'en aillent tous ! »

« Qu'ils s'en aillent tous ! » Ce sera demain le slogan de millions de gens. Ils iront prendre aux cheveux les importants parce qu'ils sont excédés de les voir piller et saccager notre pays, gaspiller les efforts des travailleurs, dilapider les savoir-faire, solder nos innovations et condamner la population de la cinquième puissance économique du monde à une misère croissante et au recul de tous les acquis sociaux arrachés en un siècle et demi d'Histoire. Ils le feront, révulsés par les mœurs arrogantes des amis de l'argent, écœurés par le mode de vie égoïste qu'ils imposent, indignés par les attrape-gogos du genre « Travailler plus pour gagner plus », « Moraliser le capitalisme », « Grenelle de l'environnement », j'en passe et des meilleures. C'est clair ? Les belles personnes, les satisfaits, leurs griots et tous les donneurs de leçons qui tiennent le haut du pavé peuvent s'étrangler d'indignation. Ils peuvent brandir leur dérisoire carton rouge : « Populisme ! », « Dérapage ! » J'assume.

« Il y a en ce moment une déplorable ambiance de nuit du 4 août[1] », redoute monsieur Copé, le président du groupe UMP à l'Assemblée nationale. Ça vient, monseigneur ! Je suis amusé de voir comment les tirages de

1. Le 4 août 1789, l'Assemblée nationale constituante vote un décret portant abolition des privilèges de l'Ancien Régime. L'abolition se fait sans indemnité.

l'autocollant « Casse-toi, pov'con », édités par le Parti de Gauche, sont épuisés à mesure qu'ils sont livrés. J'en déduis qu'en phase active « Qu'ils s'en aillent tous » sera un feu d'artifice mille fois plus large. Car la consigne ne visera pas seulement ce président, roi des accointances, et ses ministres, ce conseil d'administration gouvernemental de la clique du Fouquet's ! Elle concernera aussi toute l'oligarchie bénéficiaire du gâchis actuel. « Qu'ils s'en aillent tous ! » : les patrons hors de prix, les sorciers du fric qui transforment tout ce qui est humain en marchandise, les émigrés fiscaux, les financiers dont les exigences cancérisent les entreprises. Qu'ils s'en aillent aussi, les griots du prétendu « déclin de la France » avec leurs sales refrains qui injectent le poison de la résignation. Et pendant que j'y suis, « Qu'ils s'en aillent tous » aussi ces antihéros du sport, gorgés d'argent, planqués du fisc, blindés d'ingratitude. Du balai ! Ouste ! De l'air !

Le pays regorge de talents bloqués derrière le mur de l'argent. Les partants seront remplacés en vingt-quatre heures par meilleurs qu'eux, plus soucieux des autres, plus inventifs, moins addicts au fric, plus loyaux avec leur patrie républicaine. Partout où je suis passé, ateliers, bureaux, haute administration, établissements bancaires, grands médias et tutti quanti, j'ai vu l'enthousiasme de la relève possible, débordante de vitalité. Pas de crainte à avoir, il n'y aura pas de manque.

Si j'en parle avec assurance, c'est que ce mot d'ordre a déjà fait son travail ailleurs. « Qu'ils s'en aillent tous ! » est le slogan par lequel a commencé chacune des révolutions qui, depuis dix ans, régénèrent, l'un après l'autre, les pays de l'Amérique du Sud. Je puise dans cet exemple un optimisme d'acier. Eux, mille fois moins nantis que nous, mitoyens d'un voisin paranoïaque comme les États-Unis d'Amérique, ont pourtant renversé à main nue la table des puissants. Ils ont libéré un irrésistible torrent d'énergie collective et commencé à reconstruire leurs pays que le libéralisme a saccagés. Donc : c'est possible.

Certes, ces pays, leurs révolutions et leurs dirigeants sont jugés avec un mépris sarcastique par la caste médiatico-politique européenne. Elle les considère comme un ramassis d'indigènes folkloriques peuplant des contrées trop exotiques pour qu'on s'y compare un seul instant. Une chose pourtant est absolument identique sur les deux continents : l'arrogance bouffie de certitude et de contentement de soi des nomenclatures libérales et social-démocrate. Celles du Venezuela, de Bolivie, d'Équateur et combien d'autres glapissent à présent de fureur. Elles n'ont rien vu venir. Fortes d'être aux commandes depuis toujours, certaines d'appliquer la « seule politique possible », flottant sur un océan de giga-abstention, elles ont été d'abord éjectées du pouvoir, puis dissoutes dans le mépris des citoyens, parfois en moins d'un mois. Depuis, leur rage et leurs médisances se déchaînent en vain : des votes répétés et massifs confirment la légitimité des nouvelles équipes au pouvoir et de leurs politiques. Cette réussite devrait normalement intéresser toute la gauche, abonnée à l'échec partout en Europe. Il n'en est rien. Les sociaux-démocrates européens aboient aux côtés de leurs homologues latinos souvent corrompus jusqu'à la moelle, parfois assassins confirmés.

Pour ma part, j'ai étudié d'aussi près que possible ces révolutions. J'y ai trouvé des ingrédients indispensables pour mon pays. Les bonnes consciences me moquent : « La Bolivie n'est pas la France ! » Tu parles d'une découverte ! Merci de me le rappeler ! Pourtant, ces mêmes mauvais plaisants ne sont pas gênés d'imposer à tous et sous toutes les latitudes les mêmes recettes libérales, en Bolivie comme en Hongrie, au prix des mêmes dévastations. Bien sûr qu'il n'y a pas de modèle ! Mais il y a des expériences dont on peut s'inspirer et des exemples qu'on peut suivre.

Je souhaite une révolution « citoyenne » en France. L'adjectif « citoyenne » indique à la fois le moyen et la finalité de cette action. Ces deux précisions sont décisives en raison de l'imagerie puérile qui associe stupidement la révolution avec je ne sais quel complot pour un « grand soir » armé. Nous étions quelques-uns à chercher comment nommer correctement l'émancipation que nous voulons réaliser. J'avais testé en meeting la « révolution par les urnes », finalement peu explicite, même si cela permettait de mettre à distance les mythes violents. On avait ensuite tâté de la « révolution démocratique », pour reprendre un des vocables utilisé en Amérique latine. Finalement, ça sonnait vague. Et puis Martine Aubry a mâchouillé le terme. Prendra, prendra pas ? Ses conseillers en communication trancheront. Nous, on se demandait comment désigner à la fois la chose à faire, la méthode et le but. Alors vint aux lèvres la « révolution citoyenne ». Puis, on s'aperçut que les Équatoriens l'illustraient de façon spectaculaire[1] chez eux. Bon augure.

La révolution que je souhaite est citoyenne d'abord en ceci que, si elle s'enracine dans le mouvement social, elle se déclenche et se mène par les bulletins de vote et les élections. Il est vrai qu'on devra voter beaucoup et souvent, compte tenu de tout ce qu'il faut faire. Ce primat des urnes, c'est la grande contribution des révolutions sud-américaines contemporaines. L'implication populaire est massive, multiforme et constante. Et on y vote beaucoup, après des campagnes électorales extraordinairement âpres ! La vieille rengaine selon laquelle les révolutions de gauche ne font pas bon ménage avec la démocratie est caduque. À l'inverse, on

1. La révolution citoyenne («*revolución ciudadana*») est le concept proposé en Équateur par Rafael Correa lors de l'élection présidentielle de 2006 qu'il a gagnée. Cette révolution a d'abord été constitutionnelle. Elle a donné par référendum les pleins pouvoirs à l'«Assemblée nationale constituante». Le gouvernement est appelé «Gouvernement de la Révolution citoyenne».

voit bien comment les libéraux sont en froid avec la démocratie. En Europe, les référendums français, hollandais et irlandais sur le traité de Lisbonne ont bien montré que la décision des citoyens est tout simplement annulée quand elle n'est pas conforme aux dogmes libéraux. Et, chaque jour, l'Union européenne accroît cette dérive autoritaire.

Dans la révolution citoyenne, la source du pouvoir est dans le peuple. Sa volonté est la seule norme qui s'impose à tous. Elle doit être en permanence active et obéie. Et non exceptionnelle et méprisée, comme c'est le cas dans le régime actuel.

La révolution citoyenne n'est pas un cosmétique ni un lifting du Vieux Monde. C'est un renversement de pouvoir. Elle le reprend à l'oligarchie, au monarque présidentiel et à l'argent roi. Elle les chasse. Elle change les institutions pour atteindre ces objectifs. Elle renverse la primauté de la finance, abolit le dogme de la « concurrence libre et non faussée », réorganise la production et le partage des richesses. Elle décide aussi de ce que « richesse » veut dire. L'humain d'abord ! De la sorte, la révolution citoyenne est une révolution des institutions, des rapports sociaux et de la culture dominante.

Ensuite, cette révolution est « citoyenne » parce qu'il s'agit de faire non ce qui est bon pour les uns ou les autres, mais ce qui est bon pour tous en tant qu'êtres humains. En ce sens, la révolution citoyenne est républicaine. Elle doit définir quel est l'intérêt général et elle doit l'imposer par la loi et, chaque fois que nécessaire, de vive force aux intérêts particuliers. Je sais très bien que cette notion d'intérêt général donne lieu à des critiques radicales. Pour les uns, la somme des intérêts particuliers suffit à définir ce qui est bon pour tous. L'intérêt général est alors, pour eux, une lubie idéologique qui conduit au totalitarisme. Pour les autres, les intérêts en jeu dans la société entre dominants et dominés sont nécessairement en conflit. Dès lors, l'intérêt général ne pourrait être qu'une illusion au service des dominants pour faire passer leurs normes comme le bien commun. Je pense que l'écologie politique a le mérite de trancher ce débat. Oui, il y a un intérêt général objectivement établi, commun à toute l'humanité, qui peut se décliner dans tous les domaines. Il s'agit de la sauvegarde de l'écosystème dont dépend la vie humaine. La révolution citoyenne est orientée par l'écologie politique. Évidemment, ça ne règle pas la question de savoir comment trouver ce qui est bon pour tous. Il n'y a pas d'absolu dans ce domaine. Tout doit rester nécessairement dans le relatif et le réversible. On s'en remet à la délibération collective. Pour qu'elle soit efficace, elle doit être libre et menée sous la seule exigence d'argumenter. Dans le débat des citoyens, pas de parti unique, pas de vérité révélée, pas de dogme, pas d'injonctions religieuses. Par conséquent, la révolution citoyenne est radicalement laïque. Mieux vaut prévenir, n'est-ce pas ?

Ce livre n'est ni un manifeste ni un programme. L'un et l'autre sont à disposition, élaborés par les militants du Parti de Gauche avec lesquels je suis engagé[1]. De plus, une discussion publique est en cours, en ce moment même, avec tous ceux qui veulent s'impliquer dans la préparation de la plate-forme de gouvernement du Front de Gauche.

J'ai écrit ces lignes avec un autre objectif. Celui de faire partager un optimisme et un enthousiasme. Et répandre l'envie d'agir plutôt que d'ergoter. Je vois tant de mines s'allonger, tant de résignation, tant d'amertume et de préventions remâchées. Il faut tourner la page. Le naufrage du nouvel âge du capitalisme et son radical aveuglement devant le saccage mortel de notre écosystème nous y obligent. Il est une formidable invitation à l'action et à l'imagination pour sortir la

1. www.lepartidegauche.fr

civilisation humaine de l'impasse. Face à l'ampleur des dégâts, nous avons non seulement les mains libres, mais l'obligation d'être totalement différents. Au commencement de ce siècle, n'est-ce pas extraordinairement stimulant de se savoir appelés à inventer une autre règle du jeu pour la vie en société ?

Ce livre est volontairement bref. Il ne traite pas de tous les sujets qui comptent. C'est un croquis sommaire sur la façon d'engager notre révolution citoyenne si les urnes le décidaient. Je prends volontairement mes désirs pour des réalités. Ça leur donne de la force de contagion. Cette méthode me semble stimulante. C'est la radicalité comme je la comprends : très concrète et gouvernementale. Avoir une politique gouvernementale ne condamne pas à réduire ses objectifs, comme le répètent les bons esprits ! D'un autre côté, je ne cache pas que je suis souvent exaspéré de voir ce que j'appelle, faute de mieux, « l'Autre Gauche » se limiter à compiler les revendications syndicales pour tout projet politique. Et enfin, combien je trouve stupides les foutaises du marketing politique sur le thème « Mon projet, c'est le vôtre » ! Les militants de gauche accumulent un savoir et une expérience précieuse. C'est leur devoir de les mettre à la disposition de tous sous forme de propositions politiques opérationnelles. Qui veut vraiment chambouler la société doit savoir comment et pour quoi le faire. Mon croquis est là pour ça. Pour pouvoir débattre. Et donner envie.

I

LA REFONDATION RÉPUBLICAINE

La révolution pour de bon

Ce qui est proposé ici n'est donc pas une simple alternance *à la papa*, du style UMP-PS et vice versa. Ceux qui espèrent qu'après Sarkozy la France se contentera d'un simple changement de style présidentiel se fourrent le doigt dans l'œil. Ce n'est pas ce qu'attend le pays. Mieux vaut s'y préparer et ne pas avoir la main qui tremble. La révolution citoyenne, ce n'est pas seulement un programme politique gouvernemental. C'est l'action du peuple qui procède à la récupération totale de sa souveraineté dans tous les secteurs de la vie en société. Tous. Sans exception. Mais il ne s'agit pas non plus de clamer, à l'ancienne, « la mine au mineur et la terre à celui qui la travaille ». On ne brise pas la dictature de l'actionnariat pour établir le gouvernement des corporations. Dans la révolution citoyenne, il est proposé, en quelque sorte, la « primature » de l'intérêt général dans tous les domaines. La méthode pour y parvenir compte autant que ce qui sera fait. L'implication populaire est le maître mot. Le mouvement social en est le moteur. Mais le héros de cette histoire est le simple citoyen. Le citoyen, c'est une drôle de créature. Un mutant. Pour le devenir, il faut s'arracher à tous ses préjugés et à son intérêt personnel pour proposer ce qui sera bon pour tous. C'est ce qui est demandé à M. et Mme Tout le Monde qui, quelle que soit leur condition sociale, seront appelés à se mêler de tout, partout, tout le temps.

Bien sûr, la démarche de la révolution citoyenne prend une forme différente selon les secteurs concernés. Ce n'est pas la même méthode pour mettre au point avec les cheminots et les usagers, la réalisation de l'objectif « zéro camion » traversant le pays par la route ou de révolutionner le système médiatique. Ni pour constituer le pôle financier public ou reconstruire le système de santé. Je pourrais multiplier les exemples. Quel que soit le domaine impliqué, le but est d'identifier l'intérêt général et de le mettre en œuvre. Chacun agit, propose et contrôle donc sous cet impératif. En citoyen. Cette révolution est d'abord politique.

Une refondation

En ce sens, la révolution citoyenne est une refonte globale de notre pays. À cet instant, j'ai hésité à écrire : une « refondation » du pays. Oui, je crois qu'il faut remettre les compteurs à zéro. Mon raisonnement à ce sujet est très concret. C'est d'une Constituante que le pays a besoin. J'en vois déjà qui lèvent les yeux au ciel ! Une Constituante ! Quelle énormité ! J'ai connu ces bégueules moins effrayées quand la Constitution actuelle a été modifiée dans un passé récent. En fait, elle l'a été vingt-quatre fois depuis le coup de force initial qui l'a instituée en 1958, alors même que ses partisans la présentent comme un modèle de stabilité. Et dix fois depuis l'an 2000 ! Une moyenne d'une fois par an ! Au point qu'une partie des dernières nouveautés n'est pas encore transposée et ne peut donc pas s'appliquer. Un exemple à propos du droit à la retraite à soixante ans. Si les dispositions sur le référendum d'initiative populaire prévu par la dernière modification[1] de

1. La dernière révision constitutionnelle est celle du 21 juillet 2008.

la Constitution avaient été déclinées en loi organique, nous aurions pu collecter les signatures pour organiser un référendum sur le sujet.

Aussi, au lieu de réformer l'actuelle Constitution par petits morceaux qui changent lourdement l'équilibre des pouvoirs, comme cela a été fait, mais sans le dire, il s'agit de procéder à un changement global. Surtout, convoquer une Assemblée constituante, c'est appeler tous les Français à s'impliquer personnellement dans la réécriture collective du pacte qui les unit comme peuple et comme Nation. En ce sens, il s'agit d'une refondation républicaine du pays lui-même.

Pourquoi la Constituante ?

Qu'on ne vienne pas me chanter qu'il y a plus urgent à faire. J'ai noté que tous les pays de l'Amérique latine de la nouvelle vague démocratique ont commencé par convoquer une Assemblée constituante. Pour le coup, dans des pays saccagés par les politiques néolibérales et submergés par la pauvreté, on pouvait penser qu'il y avait plus urgent ! L'explication m'en a été donnée sur place. C'était la condition pour que les pouvoirs soient de nouveau légitimes. Et cela pour répondre à un défi : l'ampleur de l'abstention, notamment chez les pauvres. Or on ne change pas en profondeur un pays, de façon démocratique, si le peuple est aux abonnés absents. La Constituante a été pour eux un puissant exercice de réappropriation populaire de la démocratie politique. Il faut avoir vu, au Venezuela, la présentation des articles de la nouvelle Constitution imprimés jusque sur les paquets de pâtes pour comprendre comment des millions de pauvres se sont impliqués dans les dizaines de milliers de débats, à la base, à mesure qu'avançait la rédaction du texte. Et sont allés voter en masse pour élire les députés constituants. Voici comment un ami très cher, Max Arvelaiz, jeune chef du bureau diplomatique du président Chavez, m'a décrit la situation : « Les pauvres et les gens du peuple pensaient que tous les dirigeants étaient les mêmes et que, de toute façon, les élections et les institutions, ce n'était pas pour eux. Tant qu'ils n'auraient pas changé d'avis, notre démocratie resterait un simulacre. Et notre programme ? Comment l'inscrire dans la durée ? Comment résister face à la contre-attaque de la réaction et de ses médias ? » Depuis, les chavistes ont gagné onze élections sur douze. Et le peuple est descendu en masse dans la rue pour aller récupérer son président dans les griffes de putschistes qui s'apprêtaient à le fusiller[1]. Je tiens le même raisonnement.

La Constituante en France sera une renaissance de notre peuple, et par là une refondation de notre patrie républicaine. Parce que, pour l'instant, face à tous les abus, les reniements, les trafics de l'équipe Sarkozy et toutes ses violences sociales, les bureaux de vote sont de plus en plus déserts ! À un tel niveau, l'abstention prend le sens d'une insurrection civique froide. « Qu'ils s'en aillent tous ! », pensent-ils tout bas. Je le dis tout haut.

La dissolution du peuple

En effet, à chaque élection, de nouveaux records d'abstention sont enregistrés. On pleure le lendemain, et puis on oublie. Des sujets tellement plus excitants priment. Par exemple, la polémique préfabriquée sur l'ouverture des maisons closes à la veille du deuxième tour des élections régionales. Juste après le pic d'abstention du premier tour où un électeur sur deux était

1. Le 11 avril 2002, un groupe de militaires putschistes soutenus par les États-Unis, séquestre le président Hugo Chavez. Cet événement est relaté dans le documentaire *La révolution ne sera pas télévisée* de Kim Bartley et Donnacha O'Briain.

resté à la maison. Quinze points de plus que la fois précédente ! Mais le spectacle doit continuer, n'est-ce pas ? Depuis 2007 et l'élection de Nicolas Sarkozy, d'élection en élection, le néant électoral dévore tout. L'abstention a submergé les élections municipales de 2008. Huit millions de personnes ont dit : « Bof ! » Un record historique pour cette élection. Et pourtant, comme on nous avait serinés !, « élections de proximité », « élus de terrain », les élections municipales devaient être plébiscitées par les électeurs. Ce gros blabla paternaliste a sombré corps et biens dans l'océan d'un désaveu renfrogné. Puis le cirque s'est déplacé. Sans succès. Un nouveau record a été enregistré aux Européennes. Cette fois-là, ce sont près de 20 millions d'électeurs qui ont disparu par rapport à la présidentielle. On a meublé l'espace du vide avec de nouveaux flots de commentaires navrés. Et les vantardises des amis du président qui prétendaient avoir gagné la bataille des survivants ont vite lassé. Allez, la suite ! Ce furent les régionales de 2010. Bonjour les dégâts ! Les listes de la majorité présidentielle ont perdu les trois quarts des suffrages de Nicolas Sarkozy, soit 14 millions de voix de moins. J'arrête là : il n'y a pas de pause dans ce phénomène. On connaît le résultat : plus personne ne croit plus en rien. Surtout parmi les jeunes. Aucune décision ne semble légitime. Aucune autorité n'est vraiment respectée. Ce qui est anéanti, avec cet état d'esprit, ce n'est pas seulement le principe moral et politique du civisme. C'est le pays lui-même qui se dissout. La France se confond avec sa République. C'est son identité. Si nous renonçons à être citoyens, nous cessons d'être le peuple de cette Nation. Nous sommes seulement les occupants d'un territoire.

Dans ce contexte, la concordance de l'affaire Woerth-Bettencourt avec le massacre du droit à la retraite est venue confirmer le mépris des plus sarcastiques. À présent, le pays est hors de lui – au propre comme au figuré.

Comment peuvent-ils continuer à gouverner dans ces conditions ? En poussant un jour devant l'autre. En rendant la réalité aussi confuse que possible. Sarkozy, c'est la diversion permanente. Mille gesticulations dissolvent tous les repères. Droite, gauche, haut et bas, derrière et devant, tout est embrouillé ! Voici des socialistes au gouvernement. Droite et gauche semblent cesser d'exister. Haut et bas disparaissent ensuite quand ceux qui exercent le pouvoir affichent un vocabulaire de racaille et un *bling-bling* ostentatoire de parvenus ! Devant et derrière, aussi, s'évanouissent dans les ruses de bastringues. Tiens : la Constitution européenne ! On la croyait derrière nous depuis le « non » au référendum ! Salut les jobards, la revoici devant vous ! On a juste rendu volontairement illisible le texte à coups de ciseaux et de collages, comme l'a dit l'auteur de la version originale, M. Giscard d'Estaing ! Nul ne s'entend mieux à tuer le sens des mots pour empêcher de penser que cette équipe-là ! « Réforme » égale se faire plumer ; « Équité » égale exciter les jalousies ; « Laïcité » égale reconnaître et subventionner toutes les religions ; « République » égale maintien de l'ordre et répression ; et ainsi de suite. Plus rien ne veut rien dire sinon son contraire, à moins que ce soit encore autre chose. Dans ce contexte, tout ce qui, dans notre société incarne une quelconque forme d'autorité est entraîné dans le siphon du dégoût. L'indifférence ou la défiance le disputent au rejet et parfois à la haine. Les enquêtes d'opinion montrent un gouffre de mépris pour les élus, les journalistes, les magistrats, les policiers. Que reste-t-il du consentement à la règle du jeu quand tous ceux qui la font vivre sont rejetés ? Alors la tentation de la force se diffuse vite. Ce sont les pluies de punitions pour délit d'outrage qui dépassent désormais les 30 000 par an. Ou bien les flots de gardes à vue : près de 5 % de la population en âge d'être embastillée y passe dorénavant chaque année ! Sans oublier les grotesques plaintes pour « offense au chef de l'État » lorsqu'est utilisée sa propre expression « Casse-toi pov' con » par un manifestant facétieux[1] ! Bref, il y a bien une tentation, à peine cachée, de criminaliser la contestation sociale et même médiatique. Il ne faut pas prendre à la légère ces mauvaises manières. Les diversions sécuritaires s'ajoutent les unes aux autres, jour après jour, et elles finissent par imprégner les mentalités. À présent, la chasse aux Roms, la traque aux faciès jouent une musique qui glace jusqu'aux plus indifférents. Pourtant, les nantis se rassurent, les blasés se résignent : la vie continue. Il en a toujours été ainsi. On naît, on meurt. Il y a toujours eu des riches et des pauvres. Rien de nouveau sous le soleil mon cher monsieur. Pendant que ragent les profondeurs populaires, un doux ronronnement endort tous les échanges politiques. Mais ces rengaines anesthésiantes ne fonctionnent que si on laisse dire.

Changer de style politique

Je sais bien que ma manière de parler, fort et cru, est une transgression de cet ordre mielleux. Elle est une ligne d'action autant qu'un état d'esprit. La forme de ce livre veut y faire écho. Mais je ne me le cache pas : un grand mal a déjà été fait et l'effort à fournir est considérable pour remonter la pente de la démotivation. La démarche de la révolution citoyenne ne peut s'épanouir sans répondre à la méfiance, dorénavant profondément ancrée, contre l'action politique institutionnelle. Il faut l'entendre et y répondre. Par exemple, les constituants de la révolution citoyenne ne pourraient pas être réélus à l'Assemblée suivante comme ce

1. Hervé Eon, militant du Parti de Gauche, a été condamné pour avoir brandi un carton « Casse-toi, pov' con » sur le passage de la voiture présidentielle à Laval.

fut le cas en 1789[1]. Les sortants des précédentes assemblées non plus, cela va de soi, puisqu'il s'agit de réoxygéner toute la représentation nationale, à droite comme à gauche d'ailleurs. Mais surtout, c'est la tête qu'il faut changer. Aujourd'hui, notre monarque nous indigne. Mieux vaudrait s'en prendre au système qui a permis son avènement plutôt qu'à sa personne. Il faut tourner la page du présidentialisme. Un peuple citoyen n'a que faire de cet archaïsme paternaliste. Une vie politique adulte et décente doit être débarrassée de la transe égotique des présidentiables. Un bon régime parlementaire stable, voilà la voie de la dignité civique.

Le changement commence dans les têtes

J'ai placé la Constituante en tête des tâches à accomplir pour engager la révolution citoyenne. Pour autant, cela ne signifie pas que tout le changement visé dépend du nouveau cadre institutionnel que l'on aura construit. La refondation républicaine de notre pays doit être celle de la société elle-même, dans tous ses compartiments : l'entreprise, le quartier, la commune, le département, l'établissement scolaire. Partout, la citoyenneté doit être au poste de commande. Ce n'est pas un processus abstrait. Pour qu'il aille son chemin, il lui faut habiter les personnes. Ce que Condorcet[2] a résumé le premier : « Il n'y a pas de République possible sans républicain. » Oui, tout commence dans les têtes et dans les cœurs !

Le premier moyen de cette émancipation, c'est le processus de la révolution citoyenne lui-même, sa

1. Le décret du 14 septembre 1789 interdisait aux membres de l'Assemblée nationale constituante de se présenter aux élections législatives suivantes.

2. Nicolas de Condorcet (1743-1794): mathématicien et homme politique. Auteur notamment d'un rapport sur l'instruction publique (20 avril 1792) prônant une école laïque et gratuite pour tous.

capacité à entraîner et à éduquer. Ensuite, il y a la production culturelle et artistique de ceux qui décideront d'engager leur créativité dans notre bataille. Un poème, une chanson, un tableau, une pièce de théâtre, un sketch font souvent mieux que bien des meetings. Sur ce plan, on ne peut et on ne doit rien prévoir. C'est le domaine de la liberté totale, de l'imagination des personnes et des groupes. Mais la société elle-même dispose d'instruments dont c'est la fonction de préparer chacun à jouer son rôle civique. Deux d'entre eux fâchent beaucoup : l'école et les médias. Ils devraient être à la base de la conscience civique.

Reconstruire l'école

Ne craignez rien, je n'ai pas l'intention de décrire ici l'école à laquelle j'aspire. Il faudrait tout un livre. D'ailleurs, je l'ai déjà écrit[1] du temps que j'étais ministre de l'Enseignement professionnel. Il reste pour l'essentiel ma profession de foi. Je pense que l'acquisition d'une qualification professionnelle est le bon fil conducteur d'un parcours scolaire humaniste. Stop ! J'arrête. On a vite fait de jargonner sur le sujet. De toute façon, le terrain est brûlant et il fera l'objet d'un rude débat, je le devine. Ici, pour une fois, au lieu de dire ce que l'action politique gouvernementale peut apporter à l'école, je veux rappeler ce que l'école doit donner à la vie civique. Qu'attendons-nous de l'éducation, sur ce plan-là ? Elle doit préparer les jeunes qui lui sont confiés à devenir des citoyens. Tel est le rôle fondateur de l'école républicaine. Je reprends la définition intellectuelle du citoyen : être capable d'énoncer non ce qui est bon pour soi, mais ce qui est bon pour tous. Pour cela, il faut pouvoir « prendre de la distance ». Avec son intérêt personnel et ses préjugés. Cela s'apprend. On

1. *L'École globale*, L'Harmattan, 2001.

sait comment faire. Non, ce n'est pas une question d'instruction civique. C'est toute la sensibilité de chacun qui sont engagés dans ce processus. C'est bien pourquoi l'école républicaine doit être laïque. Car sa vocation est d'éveiller la liberté de l'esprit, et non d'installer des verrous dogmatiques dans les crânes. Dans cette école, il ne s'agit pas seulement d'être instruit mais éduqué. Nuance ! C'est être capable de connaître et de discerner grâce aux savoirs, cela va de soi. Mais cela demande aussi que les goûts et les sensibilités aient été éveillés et éduqués, de sorte que chacun soit capable de ressentir, et parler, tous les langages du réel, de la musique aux mathématiques. Ici, il est question de culture, d'art, de tout ce dont nous devons être nourris au long de notre existence pour pouvoir devenir des êtres accomplis. Je veux dire des personnes capables de comprendre par empathie autant que par raisonnement ce que nos semblables peuvent être.

Être les meilleurs des meilleurs

Voilà pourquoi nous devons viser l'excellence. Nous devons nous donner pour objectif d'être le peuple le plus éduqué au monde. On peut facilement mesurer ça et planifier le chemin à parcourir pour y arriver. Il nous faut un indicateur de progrès humain sur le sujet. On a un prototype de ce genre avec l'indicateur de développement humain mis au point par le PNUD (Programme des Nations unies pour le développement) pour classer les pays sur d'autres bases que leur différence de richesse. Au demeurant, nous n'avons pas le choix. La France n'a pas d'autre ressource naturelle plus abondante et productive que sa population. La matière grise est notre seule matière première. Heureusement, nous ne partons pas de rien. N'en déplaise aux pisse-vinaigre, notre système éducatif est l'un des premiers du monde. La France est, par exemple, le troisième pays industrialisé pour le nombre de diplômés en sciences, rapporté aux actifs. Très largement devant les États-Unis, l'Allemagne et le Japon ! Éduquer est la tâche prioritaire d'intérêt général du pays. Dès la toute petite enfance, et tout au long de la vie, il faut s'éduquer sans relâche et devenir une meilleure personne pour soi et pour les autres. La révolution citoyenne est un humanisme politique.

Démanteler le marché des savoirs

Cela va sans dire, il va falloir revenir sur les saccages de la politique actuelle. J'accuse les équipes de droite depuis 2002 de démolir sciemment et méthodiquement le système éducatif républicain pour orienter les gens vers les systèmes privés. Je ne parle pas seulement des écoles confessionnelles. Celles-ci ne sont qu'un aspect du problème qui nous est posé. Je pense au secteur capitaliste de la formation initiale et continue. Le but visé par les libéraux est de constituer un marché de l'éducation. Il y a 1 800 milliards de dollars annuels au niveau mondial à prendre dans le secteur de la formation initiale. Les organisations du libéralisme mondial du style de l'OCDE poussent sans relâche à la marchandisation des savoirs. Pour cela, plusieurs conditions de base ont été réunies en France. Par exemple, la suppression de la carte scolaire. Elle a été un déverrouillage permettant la constitution d'une masse de clients consommateurs de prestations scolaires. L'autonomie générale des établissements scolaires est en marche. Elle est voulue pour organiser une concurrence complète des fournisseurs de savoirs. Comme celle appliquée à l'université. À la fin du processus, il y aura des marchands de formations en concurrence les uns avec les autres, vendant chacun leurs mixtures de diplômes plus ou moins réputés et une clientèle dégoûtée par ce qui restera de service public. Ce projet accumule les dangers pour notre pays. Aucun jeune ne pourra plus y étudier autrement qu'à la carte et selon le pouvoir de son compte en banque. C'est tout le modèle social et politique de l'idéal républicain qui est sapé à la base. Le programme de la révolution citoyenne, avant toute chose, est de renverser de fond en comble cette logique. Je veux dire : annuler séance tenante toutes les mesures prises visant à organiser la marchandisation de l'Éducation. Cela implique évidemment que les fonds publics soient strictement réservés aux établissements publics. Mais aussi que toutes les mesures de mise en concurrence des établissements scolaires soient abolies. Cette politique va forcément mécontenter ceux qui en profitent aujourd'hui. Elle percute de puissants intérêts financiers et de grasses rentes de situation. Cela jusque dans le secteur public d'éducation, parmi les mandarins et les hauts responsables survivant à toutes les alternances politiques qui se rêvent en chefs d'entreprise de formation. La lutte s'annonce sévère. Inutile de rêver que de tels privilèges se laissent abolir sans combat. La méthode politique de la révolution citoyenne s'applique ici à plein. Nous ne nous laisserons pas intimider comme l'a été la gauche face aux séides de l'Église catholique lors de la loi Savary. Au contraire, nous accepterons la confrontation, nous la nourrirons et le vote des citoyens tranchera.

Libérer les médias

J'ai posé comme point de départ l'idée que le citoyen doit faire fonctionner son cerveau au service de l'intérêt général. Oui, mais comment ? D'abord en s'éduquant. Certes. Mais l'école ne fait pas tout. Il faut faire soi-même. C'est pourquoi il faut s'informer chaque jour. Le peut-on aujourd'hui ? Il est insupportable de voir comment est traité le devoir d'information :

beaucoup de bruit et peu de fond. Il faut trier. Mais comment peuvent le faire les millions de braves gens qui tirent 90 % de leur information du journal télévisé ? Au 20 heures, le téléspectateur subit une rude cure d'angoisse. Les valeurs dominantes du spectacle médiatique, ce sont : le sanglant, la méfiance de l'autre, le dégoût de soi. La forme est au service du fond. Des plans courts ! Pas le temps de raisonner. L'émotion plutôt que le raisonnement. Puis, la pulsion plutôt que l'émotion : le cul et la cogne. Ces produits sont placés en tête de gondole, car ils scotchent l'attention. Tout ça rend impossible la production d'une pensée construite. Mais, comme l'a dit M. Le Lay, le plus important, c'est de préparer le « temps de cerveau disponible pour la pub »... En fait, le système médiatique ne se contente pas de rendre compte de la réalité devant la société. Il propose une sélection de faits reformulés et remâchés, qui modifie l'organisme qui la reçoit. « Mais les journalistes ont une conscience, et une déontologie ! » me lance-t-on. Bien sûr. Mais quoi ! Ce ne sont pas des êtres sociaux, eux aussi ? La profession a, comme toutes les autres, ses propres conditionnements idéologiques, sociaux et matériels. La pression de la condition sociale s'y exerce durement. À la base s'épuise une immense armée de réserve de jeunes intermittents, de contrats à durée déterminée et de stagiaires. Dans cette situation sociale, qui est en état d'aller voir son chef pour critiquer la façon dont le média traite une information ? Rares sont les journalistes libres de s'émanciper. Il leur faut manger, comme tout le monde ! La normalisation s'incruste dans les têtes. Les plumes ou les caméras sont plus conformes et autocensurées du fait de la peur du lendemain que des coups de téléphone des propriétaires de médias.

Enfin, il y a les conditions matérielles du travail lui-même. Surtout dans l'audiovisuel. Quand on a cinq sujets à couvrir dans la même journée, comment les traiter correctement ? Que fait alors le journaliste pour minimiser les risques de contresens ? Il suit l'idéologie dominante ! C'est-à-dire ? Les préjugés existants ! C'est la négation même de son métier. Peut-on résister quand on exerce au cœur du système, dans les grands médias ? Foutaises ! La preuve : l'affaire Bettencourt est partie de la périphérie du système médiatique et elle y est restée… un certain temps. Le danger, c'est quand tout le système tourne ses batteries du même côté, reproduit jusqu'à la nausée, avec les mêmes mots, la même appréciation de la réalité et distribue les rôles avec sa logique puérile ! Que les journaux de Lagardère ne disent pas de mal de lui, on s'y attend. Mais s'ils répètent tous la même chose sur tous les sujets qui fâchent, la manipulation est inodore et on ne la repère pas avant d'avoir été gravement intoxiqué. C'est l'existence même d'une pensée libre qui est mise en cause par le biberon médiatique.

Les invisibles

En fait, la plus grave manipulation ne se concentre pas dans le journal des événements politiques. Il y a plus sournois, qui marque davantage les esprits sans qu'ils s'en rendent compte. C'est tout simplement la représentation du monde qui passe dans ce qui est montré. Et, tout autant, dans ce qui n'est pas montré. Autrement dit, il y a le phénomène « Vu à la télé », mais aussi son contraire « Vu nulle part ». Et si on ne le voit pas, c'est que ça n'existe pas. Ou que ce n'est pas important. Voilà le truquage quotidien. Devinez qui est invisible à la télé ? La majorité de notre peuple. Les ouvriers représentent 2 % des personnes que l'on voit à l'écran, alors qu'ils sont 23 % de la population réelle. Si l'on ajoute les employés, ça ne fait toujours que 18 % des personnes visibles à l'écran. Pourtant, ouvriers et employés constituent la majorité sociologique du pays : 53 % de la population. Le sort des femmes n'est guère meilleur. Hormis les rôles de bimbos et ceux de potiches publicitaires, elles sont marginalisées. À l'inverse, les cadres représentent 61 % des personnes vues à l'écran. Mais ils ne sont que 15 % de la population. La télévision présente ainsi une société totalement imaginaire, illusoirement dominée par la classe moyenne masculine, et dont les ouvriers et employés ont disparu. Quand le rapport du CSA qui l'a révélé est paru, j'ai noté quelque chose de frappant. Les commentaires se sont intéressés à une tout autre observation. Celle qui déplorait l'effacement de la « diversité » à l'écran. La « diversité » étant un fait établi dans tous les milieux, cette discrimination peut être affrontée sans en passer par de dérangeantes considérations sur l'inégalité sociale. Ouf ! Mais ça finira par se savoir, que les discriminations ont la mauvaise habitude de se superposer et de se recouper !

Le dégoût pour le peuple réel, l'indifférence à sa participation vitale à la vie du pays est un apartheid mental. C'est pour nous un rude barrage politique. Car ceux-là mêmes que nous poussons à réinvestir la scène se font convaincre qu'ils ne sont pas dignes d'être seulement regardés.

Élire, dans les médias aussi

C'est une évidence : ce qui est montré formate les consciences. Nous avons le droit et même le devoir de nous en mêler. Et non, ce n'est pas menacer la liberté que de le faire ! En général, je pense que nous avons le droit de choisir si nous finançons ou pas la prétendue « téléréalité », les émissions de jeux abrutissantes, la multiplication des spectacles d'abjectes violences et tant d'autres choses dégradantes qui avilissent ceux qui s'y impliquent en les regardant. Nous devons donner une chance à ceux qui nous proposeraient autre chose. Je ne prétends pas qu'il faille l'imposer, ni le faire surveiller par je ne sais quel comité de censure. Je propose de s'en remettre dans ce domaine, comme dans tous les autres, aux citoyens. Aujourd'hui, nous attendons de savoir qui le monarque nomme comme président de France Télévisions. Puis nous accablons l'heureux impétrant de sarcasmes impuissants. On pourrait désigner ce président tout autrement. Que les professionnels établissent une liste d'aptitudes. Puis après avoir entendu chacun, que votent tous ceux que concerne le paiement de la redevance. Si le vaisseau amiral de l'audiovisuel est ainsi ressourcé dans le peuple, je crois que nous n'aurons aucun mal à élargir la méthode. Le vote, le collectif. Partout ! Les journaux aux abonnés ! Ils les connaissent mieux que les derniers recrutés de la rédaction. Les rédactions à leur comité. Et ainsi de suite. Partout des coopératives. Nulle part d'empire de presse. Ceux qui existent doivent être démantelés. Surtout, il faut détacher les laisses mentales ! Ainsi, dans les rédactions, la norme doit être la sécurité de l'emploi plutôt que la précarité, le droit au temps de bien faire plutôt que l'obligation du vite fait, des temps de formation continue nombreux plutôt que du picotage superficiel au gré des commandes. Enfin, assez des vaches sacrées inamovibles ! Tous doivent pouvoir se ressourcer : voyager, enseigner et revenir au métier. Ce que j'en dis se résume ainsi : il est impossible de mener une révolution citoyenne sans qu'elle entre de plain-pied dans les médias pour les émanciper !

Maintenant, passons au portefeuille. Parlons d'argent. Celui qui manque et qu'il va falloir trouver.

II

L'AUTRE PARTAGE DES RICHESSES

L'argent ! Il peut faire, paraît-il, de toute citrouille un carrosse. Et pourtant. Voyez cette vieille dame célèbre qui en regorge. Elle ne sait plus si elle possède ou non une île. Mais elle a les requins à domicile, c'est certain ! Une troupe de malins abuse de sa surdité et ses larbins la picorent vive. A-t-elle seulement l'air heureuse ?

L'argent ! Ce devrait être un modeste bien public. C'est le roi du carnaval. Est nommée « valeur » la taxe privée qu'est le bénéfice et « charge » l'impôt public destiné au bien commun. Là où un pôle public financier devrait assurer la bonne circulation du flux vital vibrionne un essaim de banques prédatrices. Elles jouissent du privilège exclusif de créer de la monnaie. Pourquoi ? C'était pourtant un attribut du pouvoir central, aussi vieux que la société humaine. Tentaculaires, elles refont le monde à leur main, hors de toute réalité concrète. 90 % de l'argent qui circule dans le monde ne correspond à aucune transaction de bien matériel. On les sauve de la noyade dans leur propre venin ! Elles mordent cruellement la main qui les a tirées d'affaire. De quelle manière traitent-elles à présent les pays qui se sont endettés auprès d'elles ! Autant l'argent abonde pour elles, autant il serait rare pour nous. On connaît le refrain : « Où trouverez-vous l'argent ? », « Il n'y a pas de marge de manœuvre. » Voici la formule pour rompre le sortilège : « De l'argent, il y a en a, beaucoup, et il est à nous. Nous allons le reprendre, et nous n'avons pas peur ! »

Le magot caché

Les statistiques européennes sont indiscutables[1]. Je le précise, car les chiffres que je vais citer ont été mis en cause bien des fois, comme s'ils avaient été inventés. M. Peyrelevade, l'ancien président du Crédit Lyonnais, s'est même ridiculisé en me traitant de menteur à ce sujet dans *Le Monde*. Je mentionne l'anecdote pour montrer qu'il y a des chiffres dont la propagation est un enjeu.

Au cours des vingt-cinq dernières années, le partage de tout ce qui a été produit par les Français s'est modifié de la façon la plus brutale qui soit. Dix points de la richesse totale produite sont passés de la poche des producteurs à celle des rentiers. Et cela alors même que l'effort fourni et les gains de productivité qui en ont résulté ont fait un bond prodigieux de 30 % depuis 1983. Ce détroussage représente 195 milliards par an. Cette somme permettrait une augmentation générale des salaires d'environ 20 % pour les 24 millions de salariés. Il suffirait de 30 milliards de ce pactole pour augmenter le SMIC et le porter à 1 500 euros nets. Un sacré changement pour les 3 millions de salariés concernés ! Augmenter les minima sociaux de 30 % ne coûterait que 4 milliards. Trois millions de personnes sont concernées et 6 millions d'ayants-droits. Ça fait beaucoup de monde et ce ne sont pas les gâtés de la vie ! On pourrait multiplier les comparaisons de ce type qui montrent de façon criante tout le bonheur qui est à la clef de cette

1. Eurostat : direction générale de la Commission européenne chargée de fournir des statistiques aux institutions européennes. http://epp.eurostat.ec.europa.eu/portal/page/portal/eurostat/home.

restitution. Et donc interpeller ceux qui le confisquent.

Rendez l'argent !

Une fois récupérés, qu'ils soient répartis en salaires directs ou investis en service public, ces 195 milliards par an sont l'énorme bouffée d'oxygène dont le pays a besoin pour se relancer. Elle réanimerait tous les circuits vitaux. Au lieu de s'évaporer dans les bulles financières qui pourrissent tout, ils circuleraient. De poche en poche, taxés à 19,6 % de TVA et à 40 % d'impôt sur le revenu et de CSG une part reviendrait dans la caisse de l'État pour recommencer un nouveau tour entre les poches et les services. Tout le monde connaît ce chiffre. Ramener les parts du gâteau au point où elles étaient il y a vingt-cinq ans, est-ce plonger la France dans le communisme de guerre ? Tout le monde sait bien que non. Encore n'ai-je évoqué que la répartition globale de la richesse produite entre le travail et le capital. Venons-en à l'ordinaire. Les contributions de chacun au bien de tous par l'impôt. Je veux parler de l'imposition sur le travail et de celle sur le capital. À notre tour d'employer la panoplie du vocabulaire qui d'habitude précède la spoliation des avantages acquis. « Équité ! » clament sournoisement ceux qui veulent égaliser les durées de cotisation retraite entre le public et le privé… sur le moins favorable, évidemment ! « Équité », ironiserons-nous, lorsque nous taxerons les revenus du capital exactement comme ceux du travail. Ainsi 1 000 euros gagnés en Bourse pendant son sommeil ne seront pas moins taxés que 1 000 euros gagnés à la sueur de son front. Le capital est taxé en réalité à 18 % alors que le travail l'est en moyenne à 42 %. Et dans cette différence-là, il y a 100 milliards à récupérer… chaque année ! Davantage que le déficit du budget de l'État. Vingt fois le déficit annuel ordinaire des régimes de retraites. Au nom de l'« équité », nous mettrons joyeusement fin à ce privilège pour permettre à tous de vivre bien. Il y a urgence.

L'apartheid social

Nous sommes la cinquième nation la plus riche au monde. En même temps, il y a 8 millions de pauvres dans notre pays. De 2004 à 2007, dernière statistique publiée, leur nombre a bondi de plus de 1 million. Cela veut dire que 400 000 malheureux supplémentaires sombrent dans la pauvreté chaque année en France. Combien se cramponnent au bord du gouffre ? Déjà : toutes ces femmes clouées dans le travail précaire et à temps partiel. Dans cette masse, il y a 2 millions de personnes qui travaillent du matin au soir, se tuent la vie en temps de transport et crapahutages divers et qui sont néanmoins pauvres. Il y a 2 millions de très mal logés, dont 600 000 enfants et 100 000 personnes sans domicile fixe, les SDF. À ceux-là s'ajoutent désormais plus de 500 000 personnes sans domicile personnel. Parmi elles, près de 100 000 vivent dans des hôtels, et pas des hôtels de luxe ! Et 100 000 autres dans des campings. Pas par loisir, bien sûr. Tous ceux-là n'ont nulle part ailleurs où aller. Ce n'est pas tout, il y a encore 40 000 désespérés qui vivent dans ce qu'on appelle pudiquement des « habitats de fortune ». Parmi eux, tant de jeunes ! Quel début dans la vie ! Telle est notre France : pas une grande ville où sous les porches, les ponts, sur les bancs, entre deux cartons d'emballage, contournés par les torrents d'une indifférence embarrassée, il n'y ait des hommes, femmes, enfants qui dorment par terre parce qu'ils n'ont plus où aller. Citoyens ? Comment le pourraient-ils concrètement ? Cette situation illustre de façon extrême le lien qui unit égalité, partage des richesses et citoyenneté. Nous ne sommes pas égaux dans notre droit à participer aux affaires de la collectivité si certains d'entre nous ne peuvent avoir d'autre occupation que de survivre jusqu'au lendemain. Le partage des richesses n'est pas le volet social de la révolution citoyenne, c'est son point de départ. Car il n'est pas question d'accepter plus longtemps que la peine de pauvreté soit appliquée à une telle fraction du peuple et ampute d'autant sa souveraineté.

La peur de la pauvreté

La pauvreté est encore un phénomène dont un large secteur des élites nie la réalité de masse. Nous avons tellement honte de nous-mêmes qui avons pris l'habitude de supporter l'insupportable ! On préfère ne pas y penser. Le lien direct entre l'extrême accumulation de fortune et l'extrême pauvreté est occulté. De façon évidente, le système libéral a rationné le grand nombre pour donner aux privilégiés. Alors ceux qui avaient peu n'ont plus rien eu. Mais, surtout, en faisant reculer les droits du travail au nom de la flexibilité, on a désarmé et atomisé la classe des salariés. La maltraitance sociale des femmes diffuse la peur dans tous les foyers. La peur du déclassement joue un rôle terrible dans la diffusion de l'égoïsme social. Ce cercle vicieux s'autoalimente si bien ! La visibilité des pauvres, sauf dans les lieux de séjour des riches, ne chagrine pas le système alors même qu'elle prouve son échec humain. Plus il y a de pauvres visibles, plus on craint de le devenir. Et moins on se bat de peur de perdre ce que l'on a. Moins on se bat, plus la déréglementation avance et plus il y a de nouveaux pauvres. Cet enchaînement, aux allures de machine infernale, explique qu'autant de gens augmentent leurs revenus de façon aussi indécente et que si peu se révoltent. Ce que le rapport de forces social ne permet plus dans le moment, il faut donc le récupérer par l'usage des droits civiques. Autrement dit, la révolution citoyenne sera le bras législatif de la récupération sociale à laquelle il faut procéder.

La récupération sociale !

Il ne faut pas avoir peur de prendre. Et de prendre beaucoup à ceux d'en haut. Quelle fête permanente est notre époque pour les puissants ! Le nombre de riches s'est envolé en même temps que celui des pauvres. Depuis 2004, le nombre de personnes ayant plus de 100 000 euros de revenus annuels a crû de 28 %. Mais, évidemment, entre riches et pauvres, il ne s'agit pas du même nombre de gens. Question : est-ce que pour gaver à mort si peu de personnes, ça vaut la peine d'en martyriser autant d'autres ? Entre 2004 et 2007, les 10 % les plus riches ont capté 33 % des hausses de revenus ! À eux seuls, ils engrangent 25 % des revenus du pays. Le quart ! Pendant ce temps, les 10 % du bas de l'échelle se partagent de toutes petites miettes : 3,5 % des revenus ! Depuis 1998, le revenu moyen des 0,01 % les plus riches a augmenté de 51 %. Il s'agit de 6 000 personnes. Pendant ce temps, pour 90 % des salariés, l'augmentation a été de 3,1 %. Ils sont 23 millions. Cela signifie que les moyens de 6 000 grosses bouches ont augmenté dix-sept fois plus vite que ceux de 23 millions de personnes ! Et les pourcentages dont nous parlons ne portent pas sur les mêmes sommes. Ce n'est pas près de s'arrêter si l'on n'y met pas bon ordre. Comme le dit pudiquement une récente note officielle de l'INSEE, « les inégalités se creusent par l'extrémité supérieure » ! Qui peut croire qu'une telle goinfrée va s'arrêter de bon gré ? Les gavés se sentent dans leur bon droit. Pour leur reprendre l'assiette, il faut un rapport de forces et une conscience civique de haut niveau. Et pas moins qu'une révolution.

Les grosses bouches à fric

En tête de ces ultrariches gorgés de fric, on trouve les patrons du CAC 40[1]. Contaminés jusqu'à la moelle par la finance, les dirigeants de ces entreprises couvent leurs stock-options comme une poule ses œufs. La finance les a rendus psycho-dépendants. Ils vivent, pour la plupart, en dehors de la réalité productive de leur entreprise. La connaissent-ils seulement ? Leur pouls bat au rythme des courbes de rendements financiers. L'évolution de leurs salaires est sans rapport rationnel avec celle de la richesse effectivement créée dans le pays. La preuve : depuis le début des années 2000, les revenus des patrons du CAC 40 ont été multipliés par huit ! Tel quel ! Les récitants de la « modération salariale », comme ils disent, les chantres de l'austérité, les pourfendeurs des « charges salariales », les éradicateurs des « privilèges sociaux », ont augmenté leur salaire de 700 % ! Ainsi bon nombre de patrons du CAC 40 gagnent en un jour ce que gagne un smicard en un an. Les gens d'argent sont aux premières loges. Banquiers et assureurs français se sont encore gorgés de bonus cette année, crise ou pas. Ils se sont réparti 2 milliards d'euros entre dirigeants et traders. 2 milliards ?

Une unité de compte de l'indécence

À force, cette valse des gros chiffres n'évoque plus aucune image concrète. Quelle unité de compte faut-il donner pour que chacun puisse se représenter la situation ? Je ne sais plus. Compter en euros, c'est déjà perdre un peu le nord. J'en vois qui convertissent en francs pour se faire une idée plus maîtrisable. J'ai

1. Le CAC40 : les 40 entreprises les plus importantes du pays cotées en Bourse.

décidé de compter en SMIC pour faire des comparaisons socialement compréhensibles. Ça donne le vertige. Baudoin Prot, grand manitou de la banque BNP Paribas, a perçu 200 ans de SMIC. Soit une augmentation de salaires de 131 % ! En euros : 2,37 millions de salaires pour l'année 2009, année de crise bancaire. Attention, ce n'est pas tout : pour la même année, 4,6 millions d'euros de plus-values en stock-options étaient à sa disposition sur un compte. Ce pactole avait lui-même augmenté de 430 % en un an. Il faut dire que la maison BNP Paribas est gorgée comme une tique sur le cou d'un chien errant. Elle a réalisé 5,8 milliards de profits en 2009. Elle a mis de côté 500 millions de bonus pour ses dirigeants et traders. Cela donne un bonus moyen de 250 000 euros par tête d'œuf ! Savez-vous de combien est le salaire moyen[1] dans ce pays ? 2 000 euros. Ces grands tripoteurs d'argent de BNP Paribas touchent en prime, pour une année de spéculation, l'équivalent de dix ans de travail d'un tel salaire moyen. Ça, c'est le tarif des grands chefs à plumes. À la base, derrière les guichets, c'est sandwich au pain pour tout le monde. Les 200 000 salariés de la BNP n'ont eu droit qu'à 1 % d'augmentation générale et à une prime de 1 200 euros. Un gros SMIC net mensuel à la base, plus de 250 SMIC par tête au sommet. Il y a plus gourmand ?

Chez Axa, le patron, Henri de Castries, s'est servi 30 % d'augmentation de salaires pour un montant égal à 265 ans de SMIC. Lui aussi a eu un joli mieux de 57 % sur son paquet de stock-options. Bref : 3,2 millions d'euros de salaire en 2009 complétés de 8,2 millions de plus-values potentielles de ses stock-options ! Voilà une année à plus de 10 millions. Un par mois. La paye de 1 000 smicards, en prime, par an. Elle n'est pas belle la vie ? Et quels exploits ont-ils réalisés, quel est leur

1. Le salaire moyen est la somme des salaires divisée par le nombre de salariés.

génie ? Quel mieux ont-ils apporté ? Aucun. Rien. À l'inverse, les résultats de leurs entreprises ont baissé de 20 %. J'affirme que tous ces gens peuvent s'en aller sans qu'il en coûte à la société. Tout au contraire, on fera des économies.

Les nuls se récompensent

Pourquoi serait-ce exagéré de dire « Qu'ils s'en aillent tous ! » à leur propos ? N'en font-ils pas autant de leur côté ? « Qu'ils s'en aillent tous ! », disent ces brillants patrons à propos de leurs employés toujours trop coûteux ! Et ils se payent une tournée sur la saignée. Carlos Ghosn, patron de Renault-Nissan, a empoché 770 ans de SMIC cette année soit 9,24 millions d'euros. Il a licencié 6 000 personnes depuis 2008. Chris Viehbacher, de Sanofi-Aventis, s'est régalé de 590 ans de SMIC soit 7,1 millions d'euros en 2009. Il a licencié 3 000 personnes et royalement augmenté les survivants de 1,2 %. Christophe de Margerie chez Total s'est adjugé 375 ans de SMIC, juste 21 % d'augmentation pour un total de 4,5 millions d'euros. 550 manants ont perdu leur emploi dans les raffineries françaises ! Gérard Mestrallet a sûrement dû déplorer à chaudes larmes les 31 % de pertes de GDF-Suez. Mais son salaire a quand même été augmenté du même pourcentage. Sans doute par humour. Moins 31 % pour la boîte, plus 32 % pour sa poche, marrant, non ? Total : 3,34 millions en 2009. Et au même moment, les gazinières, chauffe-eau et chaudières des Français se sont pris 15 % d'augmentation du prix du gaz ! Et Didier Lombard, alors PDG de France Télécom, la boîte où « il ne faudrait pas que ce soit à la mode de se suicider » ? 1,7 million en 2009. À peine plus de 100 ans de SMIC. Une misère, non ? Lakshmi Mittal, d'Arcelor, lui, fait bien mieux, tout en démantelant la sidérurgie française : 216 ans de SMIC en 2009. Ça vous pose un homme !

Les financiers hors de la production !

Quand je propose le partage des revenus comme solution pour l'enrichissement de tous, les pète-sec me répliquent : « Il faut d'abord produire les richesses avant de les distribuer. » Il n'y a pas de slogan plus risible que celui-ci. Parce que, précisément, les richesses sont produites en masse dans ce pays. Mais s'il faut parler de la production des richesses, alors parlons-en pour de vrai. Car elle aussi, il faut la libérer de l'emprise de la finance. Il faut éjecter des postes de commande des entreprises les financiers et les commerciaux qui les ont envahis. Ceux-là ont fixé des impératifs et des finalités qui sont souvent complètement contradictoires avec les contraintes techniques de la production. Ou qui astreignent ceux qui produisent à des cadences, à des rythmes ou à des servitudes impossibles à assumer. Et dont ils n'arrivent à se soustraire parfois que par la mort, comme on le voit avec la vague de suicides qui atteint certaines grandes entreprises.

Oui, il faut aussi guérir la production du cancer de la finance. Le meilleur exemple qu'on peut en donner est celui d'Airbus. À partir du moment où les financiers et les commerciaux ont remplacé les ingénieurs à la tête de l'entreprise, les contrats passés prévoyaient des conditions de livraison absolument intenables. Ces Pieds Nickelés ont déclenché un désordre gigantesque qui a abouti à retarder la production et à faire crouler les comptes sous les pénalités de retard de livraison à payer aux clients. Ce n'est pas moi qui le dis, mais le P-DG français d'Airbus, Louis Gallois, dans un entretien au journal *Le Monde*. Tels sont les génies qui menaceraient de quitter le pays si nous osions mettre une limite à leur goinfrerie. Adressons-leur un message tranquille : « Au revoir » ! « Qu'ils s'en aillent tous ! » On ne s'en rendra même pas compte. D'autres prendront les manettes, au moins aussi efficaces et, sans mal, moins chers ! Il n'est pas vrai qu'il faille le moteur de la cupidité pour faire des productions de qualité. Les coopératives prouvent le contraire chaque jour. Pour libérer vraiment le système productif, faisons bifurquer le régime de la propriété des entreprises de ce côté. Ça marche déjà. Ce n'est pas très compliqué à généraliser graduellement. Je pense comme Jean Jaurès : « Lorsque le travail aura pris partout cette immense forme de coopération, quand tous les individus ne seront plus des salariés passifs, mais des associés intéressés directement dans le progrès de la richesse créée par eux et pour eux, toutes les activités et initiatives, toutes les interventions seront stimulées par un aiguillon incomparable. » Dans cet esprit, pour commencer, une bonne mesure d'hygiène sociale serait d'abolir le système des stock- options.

Chassons les mauvais exemples

Comme elle est longue, la liste des profiteurs et parasites dont on pourrait se passer sans problème. Le système le sait trop bien. C'est pourquoi il entretient des trompe-l'œil. Voyons ainsi cette bonne nouvelle qu'annoncent à intervalle régulier des entrefilets de presse : il y a de plus en plus de millionnaires en France ! Il faudrait s'en réjouir. Cela sous-entend qu'un jour ou l'autre nous le serons tous, n'est-ce pas ? Chacun a sa chance. Qui ne la saisit pas ne peut s'en prendre qu'à lui-même. Non ? Cette idée que tout le monde peut devenir un important est décisive pour la cohésion du système inégalitaire. Il faut que tout le monde y croie pour rester sagement dans sa case. Rien n'est plus anesthésiant que ces belles histoires de réussite inattendues où le doigt du destin vient prendre, dans la sphère privée, le relais de la main invisible dans celle du marché. Chanteurs, sportifs, marioles de la téléréalité, gagnants du Loto dispensent les fumées de l'opium du peuple. À présent, ils assument publiquement la culture d'irresponsabilité sociale. « J'aimerais bien vivre en France, déclare le footballeur Nicolas Anelka en décembre 2009 au journal *20 minutes*, mais ce n'est pas possible. On sait pourquoi : la fiscalité. En France, il y a un problème avec l'argent, déclare cet ingrat. Je ne veux pas jouer au foot et payer 50 % de ce que je gagne. La France est un pays hypocrite. » Mais qui est cet Anelka ? Quelqu'un qui doit tout aux impôts et cotisations de ses concitoyens. Formé aux frais du contribuable par l'Institut national du foot, il doit sa carrière aux cotisants de la Sécu ! Sa précieuse aptitude à courir derrière un ballon a en effet été sauvée par la coûteuse réparation de ses graves blessures aux genoux payée par la Sécurité sociale. Notons que ces sportifs sont les plus gros consommateurs de soins médicaux proportionnellement au reste des actifs. Cependant, ils sont les heureux bénéficiaires d'une exonération de cotisations sociales sur les revenus attachés à leur image ! Dans ce registre d'impudeur méprisable, le sport professionnel a battu des records d'ostentation ces derniers temps. Voyez les tennismen de la dernière équipe de France qu'on a vu jouer à Roland-Garros. Les cinq joueurs en lice sont tous des émigrés fiscaux. Et, par-dessus le marché, leur entraîneur aussi ! Pas une seule de ces « stars exemplaires » qui sont données à regarder comme des héros n'assume ses responsabilités à l'égard de la société. Si ceux qu'on donne à admirer se comportent de cette façon, alors ce comportement d'irresponsable social est perçu comme normal et juste. Il justifie l'évasion fiscale des plus puissants. Car dans l'ombre des ludions se dissimule toute une série de grands profiteurs du travail, de la technique et du savoir-faire des Français. Tels sont les émigrés fiscaux. A-t-on idée de ce que représentent ces sommes d'argent soustraites à l'effort collectif ? Sans parler des 40 milliards de fraude fiscale, exactement le montant du service de la dette du pays en 2008.

Salaire et revenu maximum

En République, le bien commun est la priorité. La nouvelle répartition que doit faire la révolution citoyenne ne se réduit pas à une opération tournée directement vers les poches de chacun. Elle doit l'être aussi, cela va de soi, car l'augmentation des salaires est une urgence sociale. Il faut ranimer le corps anémié du pays. Mais l'ardente obligation, c'est la reconstruction de l'État et des services publics. L'existence d'un service public puissant et de qualité est un choix de société. Pas une charge : un soulagement ! Il s'agit de mettre en place les instruments qui permettent à chacun d'être aussi libre de ses décisions que possible. Cela veut dire, par exemple, pouvoir se transporter facilement, confortablement et à faible coût. Ou bien pouvoir être soigné, éduqué au plus haut niveau sans être empêché de le faire par des différences de revenus ou d'adresse. L'enjeu, c'est la liberté individuelle.

Un tel changement d'état d'esprit est à construire ! Comment créer, sinon, une autre ambiance de vie commune où l'argent accumulé sans limite ne serait pas le seul horizon socialement placé au pinacle des valeurs ? On doit construire un lien vertueux entre le haut et le bas des salaires et des revenus. Commençons par les salaires. Il faut instaurer un salaire maximum dans ce pays. Ce salaire maximum, on peut l'établir en suivant la proposition de la Confédération européenne des syndicats : au sein d'une entreprise, pas de salaire, en haut de l'échelle, qui fasse plus de vingt fois celui du bas de l'échelle. Il ne s'agit pas d'égalitarisme ni d'uniformisation. Je suis parfaitement conscient qu'il y a des tâches dont le contenu a une valeur d'usage et une valeur d'échange différentes et que toutes ne s'achètent pas au même prix. Mais ce système lie tous les étages de la pyramide. Ainsi, celui qui est en haut de l'échelle, s'il décide d'augmenter son salaire, aura l'obligation d'augmenter ceux du bas de l'échelle. Cela crée une espèce d'attelage automatique, dans le cas où une entreprise réussit, entre le plus haut et les plus bas salaires.

Ce n'est pas tout. Pas question de se contenter de combler les gouffres entre les salaires. Empêchons que les « importants » puissent se goberger sans tenir aucun compte du reste de la société. On doit aussi fixer un revenu maximum national. Mettons fin à l'illusion individualiste qui consiste à chercher le bonheur dans l'opulence tandis que les autres sont tous malheureux dans le dénuement. Quelle échelle de revenus ? La même que pour les salaires. Pas de revenus plus de vingt fois supérieurs à celui du niveau de vie médian, celui en dessous duquel vit la moitié des Français. Inutile de hurler à la mort ! Cela situerait le plafond autour de 350 000 euros annuels de revenus. 30 000 euros par mois ! C'est quand même beaucoup d'argent encore. Que fait-on de ce qui dépasse cette échelle ? Eh bien, c'est simple : on prend tout. On prend tout et on répartit sur tout le monde.

Notre nuit du 4 août

J'entends les cris. Tout prendre ? Quelle horreur ! Il n'y a pourtant rien d'exagéré. Cette taxation à 100 % pour la part de revenus au-delà des 30 000 euros mensuels concernerait environ 0,05 % des contribuables. C'est-à-dire 15 000 ultrariches. C'est finalement très peu de monde. Mais ça crée une ambiance ! On casserait la fascination entretenue pour l'argent sans limite. Ça facilitera l'abrogation des abus de pouvoir et de déréglementation que ce règne sans partage fabrique. Et, pour que le système soit juste, il faudra créer une dizaine de nouvelles tranches d'imposition. Il s'agit de passer de manière progressive et tranquille des 40 % de la dernière tranche actuelle aux 100 % au-delà du revenu maximum. Du calme ! Vous n'êtes pas visés ! Cette progressivité renforcée concernera les contribuables qui déclarent plus de 70 000 euros de revenus annuels. Il s'agit des 5 % des contribuables les plus aisés. Et qu'on ne vienne pas me dire que, si une telle mesure est prise, les reins des « créateurs de richesses » seraient brisés et leur esprit d'entreprise « cassé ». Il ne faut pas perdre de vue que le revenu moyen des 3 millions de chefs d'entreprise que compte le pays se situe à 40 000 euros annuels. À ce niveau, le revenu maximum et les nouvelles tranches d'imposition qui l'accompagnent ne leur prendront rien de plus. Et même quand on regarde du côté des patrons d'entreprises entre 50 et 100 salariés, leur revenu moyen est de 110 000 euros annuels. On reste très nettement en dessous du plafond envisagé, qui se situe autour de 352 000 euros. Ces exemples montrent qu'avec le revenu maximum c'est avant tout les rentiers et la poignée de patrons voyous à qui on fait rendre gorge. Qu'on ne me dise pas non plus qu'on n'y arrivera pas car personne n'y est jamais arrivé. Cela s'est déjà fait en France. La nuit du 4 août 1789, précisément. Le décret d'abolition des privilèges plafonnait à 3 000 livres de l'époque les cumuls des bénéfices touchés par les rentiers. Ensuite, je rappelle aux amnésiques que, jusqu'en 1986, l'impôt sur le revenu comptait 14 tranches en France, contre 5 aujourd'hui, et culminait à 65 %, contre 40 %. Et aux États-Unis, le président Roosevelt a porté en 1941 le taux supérieur de l'impôt sur le revenu à 91 % ! Il est resté à ce niveau jusqu'en 1964. Et il était encore de 70 % jusqu'en 1980, avant l'arrivée de ce pitre réactionnaire de Reagan. Si eux l'ont fait, nous pouvons et nous devons faire mieux aujourd'hui où les inégalités de revenus sont plus grandes et indécentes. Voilà la nuit du 4 août que promet en effet la révolution citoyenne, cher monsieur Copé, et mesdames messieurs les membres du groupe UMP que vous présidez !

III

SORTIR DU TRAITÉ DE LISBONNE

Le rêve brisé

Que veut dire l'idée même de souveraineté populaire quand on est membre de l'Union européenne ? Pas grand-chose. C'est le premier obstacle au programme de la révolution citoyenne. Il faut parler d'Europe, maintenant. Argh ! Ça ennuie et ça énerve, pensez-vous ! S'il vous plaît, faites un effort ! Ne passez pas directement à la suite. Pour la gauche qui avait accroché son projet à cette construction, cette affaire est un drame. C'est mon cas. Je ne dois pas être le seul. L'Europe devait être le moyen de rétablir la souveraineté populaire mise en cause par la mondialisation et la puissance des États-Unis d'Amérique. Mais oui ! On peut toujours ricaner mais c'est comme ça que nous pensions. Peut-être tout le monde a-t-il oublié dans quel contexte a été pris ce tournant ? La gauche était au pouvoir depuis 1981 et nous avions subi quatre dévaluations et un contrôle des changes. Nos chefs décidèrent de faire le dos rond. Pour garder tout ce qui avait été conquis. Pour le prochain bond en avant, il fallait un autre cadre. Ils voulaient en faire le « niveau pertinent pour le changement social ». L'Union européenne, à l'époque, était limitée à 15 membres. Ils pensaient que plus on avancerait l'intégration économique, plus en résulterait de l'intégration politique, c'est-à-dire de la démocratie. Un rêve. On connaît la suite. Cette ligne reposait sur une erreur d'évaluation terrible. Dans son nouvel âge, le capitalisme ne s'intègre plus qu'en démantelant toutes les régulations. Et d'abord celles que les citoyens avec leurs lois, leurs alternances politiques, peuvent décider. Nous avons nous-mêmes lâché le monstre dans notre cour ! Il n'en a jamais assez. S'en est suivie une nouvelle phase. Le capital exige que soient constitutionnalisées les normes interdisant qu'on le maîtrise. En ce moment, c'est du délire ! Les uns veulent interdire dans la Constitution les déficits publics, les autres veulent passer des accords européens qui interdisent les augmentations d'impôts. Pour punir les peuples, on les priverait de droit de vote au Conseil européen, et ainsi de suite.

Une gargouille globich

Bref, que reste-t-il de notre rêve ? Une pauvre gargouille qui ânonne en *globich*, l'anglais pour les nuls, les aéroports et les marchands de souvenirs. Des décisions qui font mal à tout le monde. Une haine populaire croissante. Maintenant, quelque chose est clair : c'est justement que l'Europe, ce n'est pas clair. Comment pourrait-il en être autrement ? L'Europe a commencé à 6. Comme une bande. Ça pouvait être collectif. On est 27 sur la galère. Euh, non… peut-être 28 ; à moins que ce ne soit 30. Et combien de pays attendent leur tour ? On n'en sait plus rien. À chaque pas, l'imbroglio institutionnel s'aggrave. Il suffit de constater l'état de cette chère Union européenne depuis l'adoption du traité de Lisbonne, qui l'a dotée, comme on nous l'a tant répété, d'« institutions plus fortes et plus lisibles ». Mauvaise blague ! Il y a dorénavant trois têtes pour l'exécutif au lieu de deux, ce qui était déjà beaucoup compte tenu de leur nocivité respective. Premièrement, le président du Conseil des gouvernements, qui continue à changer tous les 6 mois. Vient ensuite le président permanent, qui, lui, change tous les 2 ans. Enfin, le président de la Commission installée pour la durée d'un mandat de l'Assemblée européenne, soit 6 ans ! Fort et lisible ! Ces trois-là se montent sur les pieds en permanence. Leur capharnaüm détruit le peu de lisibilité qu'avait tout ce fatras. Quel contrôle des citoyens est possible dans une telle confusion ? Aucun. C'est étudié pour.

Cette Europe n'est pas la solution, c'est le problème

L'Europe devait être la solution. On nous l'a assez chanté ! C'était la solution pour à peu près tout. Chemin faisant, la vérité s'avère être exactement inverse. Cette Europe n'est pas la solution. Cette Europe, c'est le problème. D'abord parce qu'elle est une machine à faire reculer le droit démocratique essentiel des citoyens. Là où l'Europe intervient, le citoyen est expulsé. Les gesticulations du Parlement européen, aux attributions atrophiées, ne sont qu'une diversion. Le second, c'est qu'une véritable ponction est faite, sur la richesse produite par notre pays, au profit de cette construction libérale qui détruit notre modèle économique. L'Union européenne abolit notre histoire républicaine et elle nous le fait payer sonnant et trébuchant ! Contributeur net au budget de l'Europe, le peuple français donne généreusement. Vous ne le saviez pas ? En 2009, la France a donné à l'Europe 5 milliards d'euros de plus qu'elle n'en a reçu. La note ne cesse de s'alourdir ! Au point que chaque Français contribue désormais pour 284 euros par an au budget européen, contre seulement 200 euros par Allemand. Les Britanniques, eux, ne paient que 150 euros par habitant. En effet, ils ont obtenu un rabais sur leur cotisation ! Et savez-vous qui paie la plus grosse part de ce rabais ? Ces nuls de « frogs » eux-mêmes, les Frenchies, les grenouilles : nous. De 2005 à 2008, notre pays a ainsi payé 5,6 milliards de plus au budget européen pour permettre aux Britanniques de payer autant en moins. Cette somme, c'est deux fois le budget annuel du ministère de la Culture ! Ou le montant du déficit des retraites en 2008.

Pourquoi le supporter plus longtemps ? Quelle est la contrepartie positive de cet effort ? Quel bien ? Quel service ? Quel respect ? Rien. Absolument rien de plus que ce que nous pourrions nous procurer tout seuls. Rien, sinon des maltraitances. Certes, nous n'avons pas souvent le droit de lire dans notre langue les documents qui se discutent à notre sujet. L'anglais est maître des mots partout dans la bureaucratie européenne. On y moque volontiers notre prétendue « exception ». On pointe du doigt notre « arrogance ». Deux attributs « jacobins » bien français. Pour le reste, on abreuve notre pays d'injonctions tatillonnes et destructrices. Elles visent toutes, sans aucune exception, à démembrer tout ce à quoi la France est attachée et qu'elle a mis des générations à construire.

Il n'existe pas un seul exemple d'un mieux social quelconque qui soit venu de l'Europe en France. Pas un ! La règle de la concurrence libre et non faussée : voilà la nouvelle table de lois applicable en toutes circonstances sur tous les sujets, jusqu'au grotesque. « Liberté, Égalité, Fraternité » ont été dissoutes dans le Code du commerce.

Ça marche moins bien et c'est plus cher

Il faut voir avec quel acharnement est agressé le système français du service public qui est la base de notre conception égalitaire de la vie en société. Ainsi quand la Commission européenne, pour privatiser les réseaux d'électricité, oblige EDF à vendre à ses propres concurrents de l'électricité au prix de revient alors que ces derniers n'ont aucune obligation d'investissement ni de production. Concurrents qui s'empressent de la revendre au prix de marché en empochant une marge confortable. Imaginez l'inverse ! Nous déciderions que les grandes entreprises privées doivent mettre à disposition de la collectivité ce qu'elles produisent sans encaisser cet impôt privé qu'est le bénéfice. Elles hurleraient : pas d'effort sans contrepartie ! Ah bon ! Et nous ? Quelle contrepartie aux avantages exorbitants offerts aux producteurs privés d'électricité ? Les consommateurs, particuliers et professionnels, bénéficient-ils d'une baisse des tarifs grâce à la divine concurrence ? Au contraire. Ils voient disparaître toutes les protections existantes. Les fameux tarifs dits « réglementés », censés rassurer les opinions publiques, sont supprimés en catimini sous l'impulsion de la Commission européenne. Les consommateurs, autrefois usagers d'un service public, se retrouvent à la merci de la spéculation sur les marchés énergétiques. Résultat de cette politique aberrante d'ouverture du marché de l'énergie à la concurrence ? Les prix de marché de l'électricité – non réglementés, ceux-là – ont bondi de près de 200 % depuis 2004, avec des pics encore plus extravagants. On a vu en effet le cours de l'électricité s'envoler de 1 000 % en quelques heures, en raison de l'imprévision et de l'absence de coordination entre les producteurs. Alors que l'électricité n'est évidemment pas un bien comme les autres, ce sont de dangereux irresponsables qui ont organisé cette anarchie depuis Bruxelles et d'autres qui l'ont transposée en France. Cet exemple souligne ce qu'il faut bien appeler l'illégitimité de cette politique. Car le bilan est le suivant : tout marche moins bien et tout coûte plus cher. La main invisible du marché est bien moins efficace que les salariés d'un monopole public pour fournir les bonnes prestations au bon moment et pour pas cher. Le mieux serait donc de revenir au statut du service public.

L'organisation du pillage

Leur dernière lubie est de privatiser les infrastructures d'énergie pour accroître la concurrence. Pour notre pays, cela signifierait perdre le contrôle du premier réseau électrique d'Europe. C'est-à-dire 100 000 kilomètres de lignes à haute et très haute tension. Et le plus long réseau européen de gazoducs : 31 600 kilomètres de conduites qui assurent à la France le meilleur maillage gazier d'Europe. Ces deux fiertés nationales ont été payées avec l'argent public, entretenues à la sueur du front des Français. Et ils veulent le vendre à vil prix, comme d'habitude, au secteur privé, sans se préoccuper de savoir qui va entretenir et renouveler tout ça. La catastrophe est garantie à l'arrivée. Comme en Californie, où « la région économique la plus avancée du monde » s'est retrouvée dans le noir pour avoir confié au « libre marché » et aux cupides qui l'animent son approvisionnement électrique. Dans tous les domaines où pleuvent des directives européennes, on assiste à la même négation de l'intérêt général.

L'Europe autoritaire

Tout cela, nous y sommes presque habitués. On finirait par ne plus se méfier. Le traité de Lisbonne[1] a été imposé honteusement aux Français qui n'avaient pas voulu du traité constitutionnel en 2005, dont il est la copie conforme. Puis les acteurs de ce coup de force sont passés à autre chose, sans honte ni remords d'avoir bafoué une décision démocratique solennelle de deux peuples européens ! Cette forfaiture n'en demeure

1. Le 4 février 2008, l'Assemblée nationale et le Sénat réunis en Congrès votaient à Versailles la révision constitutionnelle permettant la ratification du traité de Lisbonne.

pas moins tristement fondatrice. Elle a instauré un système de gouvernement. Avant, l'Europe était banalement a-démocratique, considérant que la négociation intergouvernementale tenait lieu de démocratie. Puis on a assisté à l'instauration d'un mode de fonctionnement ouvertement antidémocratique. Quoi que votent les peuples – quand on daigne les consulter –, peu importe. La décision prise dans le secret des négociations ou des réunions de la Commission s'impose par tous les moyens. On se souvient du sort du « non » irlandais. Il existe d'innombrables exemples de cette manière de faire. Je n'en donne qu'un : la Poste. Le Parlement européen, conformément à ce que ressent d'instinct la totalité des peuples d'Europe pour lesquels la Poste est souvent le plus ancien service public, a repoussé la proposition de directives déréglementant ce service. Il est vrai qu'elle instaure l'espace postal le plus dérégulé du monde. La Commission européenne ne s'est pas gênée pour revenir à la charge avec le même texte, à la virgule près, jusqu'à ce que le Parlement finisse par céder et entériner sa décision. Depuis, l'Union européenne a glissé sans résistance vers une séquence autoritaire. C'est l'ère des décisions imposées avec comme condition initiale de ne pouvoir être discutées. C'est le cas des plans de sauvetage des pays européens victimes de la spéculation des banquiers. Alors qu'elle est au bord du gouffre, la Grèce se voit infliger par l'Union européenne une thérapie de choc qui saigne le peuple grec et asphyxie l'économie du pays. Sur proposition d'Angela Merkel, elle est menacée de suspension de ses droits de vote au Conseil des gouvernements et au Parlement européen. Le pistolet sur la tempe, la Grèce se soumet. On croit rêver. On parle à la Grèce comme à un pays occupé.

Demain, ce sera le tour de la France ? L'obligation de présenter le budget du pays à la Commission européenne avant que celui-ci soit soumis au Parlement national est un odieux abus de pouvoir. C'est le retour d'un équivalent du droit de veto royal d'Ancien Régime. Une instance, non élue et lointaine, déciderait du sort du budget de la France avant même que les représentants du peuple aient pu s'en saisir. Cette pratique de veto viole l'histoire de notre peuple. Je rappelle que la droite et la gauche sont nées, en France, dans le débat à propos du droit de veto du roi sur toutes les décisions de l'Assemblée. Le 11 septembre 1789, les députés opposés au veto du roi furent priés de se placer à la gauche du président de séance, le roi lui-même, et ceux qui y étaient favorables à sa droite. La gauche l'emporta et avec elle la souveraineté populaire. À même cause, je souhaite même effet.

Le nouveau totalitarisme en Europe

Sans résistance de la part des gouvernants nationaux, sans discussion publique possible, des décisions sont adoptées qui touchent à des principes essentiels dans la vie des pays. A-démocratique, antidémocratique, puis autoritaire, nous voici donc rendus à une étape plus violente, plus dangereuse, plus humiliante pour les peuples. L'Europe adopte une pente totalitaire. L'adjectif est pesé. Non contente d'imposer ses décisions de gré ou de force pour la vie publique, l'Union européenne pénètre dorénavant la vie privée pour contrôler, surveiller, normaliser. Mon propos est exagéré ? Hélas, j'ai un exemple, et non des moindres. C'est l'affaire SWIFT[1]. Les gouvernements européens n'ont émis aucune objection pour empêcher que la Commission accorde aux États-Unis d'Amérique un privilège léonin contre les libertés individuelles des Européens. Cela implique des millions de comptes bancaires individuels. Les États-Unis d'Amérique ont le droit d'entrer

1. Il s'agit d'un organisme qui coordonne les transactions entre 8 000 établissements financiers – petits et grands – en Europe.

dans ce réseau pour y surveiller qui ils veulent. Et, incroyablement, la réciproque n'est pas vraie : aucun gouvernement européen ne peut surveiller le compte de quelque Américain que ce soit. Cette mesure inouïe a lâchement été adoptée dans la plus extrême discrétion. Puis elle a été assumée en public, malgré l'opposition du Parlement européen, qui a, une première fois, repoussé cette scandaleuse violation des libertés individuelles. Mais rien n'y fit. La mesure a fini par être adoptée par un Parlement plus servile que jamais à la session de juillet 2010.

Sortir du traité de Lisbonne

Bref... Maints qui étaient les plus attachés au « rêve européen » jettent l'éponge. Et comme je l'étais ! J'ai été fédéraliste tant d'années ! Je l'étais encore tout en faisant campagne contre le traité constitutionnel en 2005, précisément au nom d'un idéal européen avancé. Je l'étais en imaginant une Union européenne où toutes les délégations de souveraineté cédées dans le passé reviendraient au contrôle du Parlement européen et des élus des peuples. C'était là une projection à l'échelle européenne de notre idéal républicain. Mais peut-être l'occasion de faire cette République élargie est-elle passée ? En 2000, Chirac et Jospin se sont mis d'accord pour repousser l'offre allemande d'un Parlement souverain commun à nos deux pays, mise sur la table par Joschka Fischer, alors ministre écologiste du chancelier social-démocrate Gerhard Schroeder. Quel est depuis l'horizon concret de mon fédéralisme républicain ? Quel sens réel peut-il avoir dans le contexte d'une Union à 30 membres cadenassée par les nationalismes est-européens, les régionalismes méditerranéens, l'allégeance unanime et enthousiaste à l'atlantisme de tout ce petit monde ? De l'irrealpolitik absolue, je le crains.

Alors, pour finir, est-ce que nos rêves, nos ambitions, n'ont pas fait de nous les idiots utiles d'une monstrueuse broyeuse bureaucratique ? Comment ne pas le penser en constatant quel progrès exclusif a été réalisé en Europe : avoir imposé par tous les moyens le libéralisme, surtout là où les gens n'en voulaient pas.

Dans ces conditions, pour moi, l'affaire est claire : ça suffit comme ça ! Je dis adieu à mon fédéralisme, puisqu'il est sans objet. Je le range. Prêt à servir si l'occasion historique s'en présente, je l'astiquerai de temps en temps quand je fais le grand ménage des idées. Mais je ne m'engage plus que sur les objectifs concrets, immédiats, liés à la refondation républicaine et sociale de mon pays.

Un nouveau référendum sur l'Europe

Il faut donc travailler au marteau-piqueur pour arracher les racines profondes que le cancer de l'Europe libérale a incrustées dans la chair de notre République. Il faut demander au peuple français son avis sur les questions essentielles qui engagent son identité républicaine. Exemple : doit-on continuer à appliquer le démantèlement des services publics ? Pour moi, c'est clair, il faut demander l'« opt-out » comme disent les Anglais pour suspendre l'application d'une règle communautaire. Eux l'ont obtenu pour l'objectif inverse. Ils voulaient empêcher l'application chez eux de toute législation sociale européenne plus favorable que la leur. Nous, nous appliquerions « l'opt-out » pour sortir les services publics du champ de la concurrence libre et non faussée. « Opt-out » pour permettre à notre banque centrale, la Banque de France, qui existe toujours, de soutenir le pays en prêtant à l'État et aux services publics. « Opt-out » sur la liberté de circulation des capitaux pour que nous puissions enfin mettre un coup d'arrêt à la spéculation. Et ainsi de suite. Bref, il faut sortir du traité de Lisbonne. La méthode doit être conforme au but. Puisqu'il s'agit de rendre le pouvoir aux citoyens, alors il faut les consulter. C'est aussi la façon de respecter nos partenaires. Car la signature donnée hier par des gouvernements ne peut pas être récusée sans un ordre formel du peuple. La révolution citoyenne dans ce domaine consistera à proposer par référendum de ne plus appliquer les articles du traité qui sont contraires à l'intérêt général des Français.

Pour mettre en œuvre ce tournant, il y a aussi des questions de personne. Que, dans l'ensemble de la structure de l'État et de la représentation de la France, soient renvoyés à d'autres tâches tous ceux qui, de près ou de loin, ont aidé à mettre en place le monstre. Il nous faut des diplomates qui restaureront la parole de la France plutôt que des griots chantant à domicile la messe bruxelloise. Nous n'avons que faire de la baronne Ashton[1] et des 5 000 bureaucrates du service européen des Affaires étrangères. Nous ne nous accommoderons plus de les voir se gorger de moyens tandis que nos ambassades et nos alliances françaises croupiraient. Monsieur Barroso n'est rien pour nous. En tout cas, pas davantage que pour les Portugais qui l'ont expulsé du pouvoir dans leur pays. Et ainsi de suite ! Il faut chasser ces gens de nos vies. Abolir dans notre pays leurs règlements absurdes et leurs normes vicieuses d'égoïsme social généralisé. « Qu'ils s'en aillent tous ! » et que les gardent ailleurs ceux qui les veulent. C'est le prix pour que le peuple retrouve sa souveraineté et, par là, sa citoyenneté en tous lieux et en tous points.

1. Catherine Ashton est haut représentant de l'Union pour les affaires européennes depuis le 1er décembre 2009.

IV

LA PLANIFICATION ÉCOLOGIQUE

Je ne crois pas que nous devions sauver la planète. Elle se fiche bien de nous. La Terre pourrait rouler dans l'espace infini sans aucune vie, ou bien avec seulement deux ou trois colonies de cafards et quelques scorpions puisqu'il paraît que seules ces bestioles survivraient même à une guerre nucléaire. Ne perdons donc pas de vue l'objet de notre action écologique. Nous luttons « seulement » pour sauvegarder l'écosystème qui rend possible la vie humaine. Aucun problème ne met autant au défi la conscience humaine. Que faire ? Qui peut répondre à cette question ? Les dieux ? La main invisible du marché ? Ou bien nous, seulement, avec nos limites ? En tout bon sens, la cause est entendue. Pourtant, tout le monde est loin d'être d'accord. Les dieux et le marché restent dans la course. Mais c'est à nous de tirer la société humaine de l'impasse. Ce n'est vraiment pas simple. Il faut réfléchir, proposer, argumenter, essayer, et puis contrôler. Et quand on a décidé, s'y tenir. Et il faut faire cela en s'y mettant tous. La révolution citoyenne est ici chez elle comme jamais.

C'est dire qu'il n'est pas utile de céder aux élucubrations métaphysiques du New Age ni aux célébrations de la « Pacha Mama » et autre déesse « terre-mère » pour agir efficacement. L'écologie politique pose avant tout une exigence de rationalité et de responsabilité très humaines. Aucun dieu ne sera le juge final des conséquences de nos actes dans ce domaine. Si nous échouons, l'enfer, ce sera le monde pourri dans lequel nous croupirons. Bien vite, d'ailleurs, il n'y aura plus personne pour subir ce châtiment. Et si nous réussissons à sauver notre écosystème, nous n'aurons pas d'autre récompense ni d'autre paradis que ce bon vieux monde, entre aubes glorieuses et couchers de soleil flamboyants, la vie, l'amour, la mort et les autres choses simples et si compliquées de cette sorte. Que les dieux quittent cette scène. Nous sommes seuls. Notre émancipation est à ce prix.

Les charlatans du capitalisme vert

Autres nuisibles : ceux qui repeignent en vert leurs turpitudes. Les marchands d'illusions et leur armée de communicants. À coups de spots publicitaires, chacun est culpabilisé dans ses comportements individuels. La conclusion est toujours la même : il faut acheter ceci et cela. Acheter, produire encore et toujours plus, « pour pouvoir servir chacun ». La vieille ritournelle démarre au quart de tour. Le capitalisme a trouvé un beau filon pour organiser un rebond du productivisme à travers ce genre d'injonctions culpabilisantes. D'autres fois, il s'agit de vastes projets mondiaux. Voyez cette trouvaille : les biocarburants ! Bio ? « Mais oui ! Puisque ce sont les plantes qui fournissent la matière première ! » Résultat global concret ? Des milliers d'hectares de terres agricoles mis en surexploitation et, par la même occasion, autant d'espaces fertiles soustraits aux productions vivrières alors que nous sommes encore loin de l'autosuffisance alimentaire de l'humanité. Une arnaque à face verte. Dans le « capitalisme vert », ce n'est pas « vert », le problème, c'est bien le capitalisme ! Il est nécessairement productiviste. Comme c'est effrayant de voir, face à la catastrophe écologique, le système productif et social rester à ce point aveugle. Il récupère les conséquences de ses pires excès pour proposer qu'on en passe de nouveau par ses méthodes de filou. Ainsi, quand il réussit à faire un marché « des droits à polluer » à partir de l'augmentation des gaz à effet de serre. Tout le monde connaît le principe ? Ça consiste à vendre à des entreprises une autorisation de polluer. Celles qui en ont trop peuvent les revendre à celles qui n'en ont pas assez. Cette belle invention est naturellement guidée par « la main invisible du marché ». Mais elle n'a pas permis de réduire d'un gramme les émissions de gaz à effet de serre. Au contraire. Elles ont progressé de 1 % depuis que l'Europe s'est dotée d'un tel marché en 2005. On ne rit pas. Pire, les quotas de « droits à polluer » attribués trop largement, et gratuitement jusqu'en 2012 (!), se sont transformés en véritables subventions aux secteurs les plus polluants. C'est le cas des centrales électriques à charbon, les plus grosses cracheuses de gaz à effet de serre. Dotés gratuitement de permis de polluer, les propriétaires de ces centrales ont pu tirer de juteux profits de la revente de leurs excédents de droits à polluer sur le « marché carbone ». Et ainsi investir dans de nouvelles centrales… à charbon !

Ces calamiteux marchés carbone ont aussi été contaminés par le virus de la finance. Des banquiers ont imaginé des produits dérivés, d'abord aux USA à Chicago, avant d'exporter ce poison en Europe. Ces produits spéculatifs ont logiquement entraîné des variations totalement irrationnelles du cours de la tonne de CO_2. Au passage, l'objectif de réduction des émissions est perdu de vue.

La motivation du capitalisme vert se résume ici aux perspectives de rendement des 560 milliards de dollars que pourraient peser les marchés carbone en 2020 par rapport aux 30 petits milliards qu'ils représentaient encore en 2006. Incroyable système ! Car, pour finir ce florilège d'arnaques, on voit des entreprises délocaliser leur production – dans des pays où les normes environnementales sont moins sévères que dans le monde développé – pour afficher ensuite une réduction artificielle de leurs pollutions en Europe et toucher des primes. Exemple : Carlos Ghosn, quand il délocalise la production des Renault et Nissan en Turquie, au Maroc, en Algérie et en Inde. Il prétend que c'est pour rapprocher la production des nouveaux marchés. Il ment tout bonnement. 90 % de la production de la nouvelle usine géante de Renault au Maroc seront destinés à l'export. Tel est le « capitalisme vert ». Vous voici prévenus !

Une nouvelle conscience collective

Dans le blabla du « capitalisme vert », il n'y a pas que l'objectif de faire vendre ou de filouter qui est visé. Il y a aussi un enjeu idéologique essentiel : effacer l'image désormais majoritaire d'un capitalisme destructeur. Car, vaille que vaille, une prise de conscience s'élargit à propos du lien entre le capitalisme et le saccage de l'écosystème humain. Rien n'est plus terrible pour un système social qu'un tel rejet. Le communisme d'État à l'Est s'est effondré aussi parce que « ça ne marchait pas », non dans le ciel des idées, non pour la bureaucratie qui en vivait, mais pour les millions de gens occupés à essayer de prendre leur part de bonheurs simples dans l'existence. L'explosion du puits de pétrole de BP dans le golfe du Mexique est le Tchernobyl du capitalisme. Venant après tant d'autres désastres, tant d'exemples petits et grands, cet accident marque les esprits d'une façon irréversible. Chacun de ces épisodes, la cupidité des managers, l'insouciance du P-DG, l'impuissance de la première puissance mondiale, tout cela prononce un réquisitoire cuisant contre le capitalisme. L'esprit le plus éloigné de la politique l'entend comme une affaire personnelle. Cette prise de conscience est d'ailleurs alimentée par la propagande nunuche des publicitaires qui repeignent en vert tous leurs produits et déguisent toutes les consommations en actes bienveillants pour la planète, les animaux en voie de disparition et que sais-je encore. Rien n'y fera plus.

D'une façon ou d'une autre, l'écologie politique est l'antichambre d'une nouvelle conscience collective. Écologie, République et socialisme forment alors un espace conceptuel cohérent. Compte tenu de ce qui arrive devant nous, c'est là que se trouve la boîte à outils intellectuels pour agir dans le nouveau siècle. C'est pourquoi je prie gentiment qu'on aille se faire voir ailleurs quand on prétend être de gauche mais qu'on continue à asséner que l'écologie est une diversion par rapport aux vrais problèmes sociaux. Comme si ce n'était pas le premier des problèmes sociaux que la destruction de l'écosystème qui rend possible la vie sociale. Comme si les migrations climatiques, les empoisonnements des travailleurs, les accidents de santé et les pandémies liées à l'indifférence écologique n'étaient pas des problèmes sociaux. Pour ne dire que cela. Et comme si la destruction de la beauté du monde n'était pas un vol immense pour tous ceux qui en bénéficiaient gratuitement, et parfois seulement de cela !

La catastrophe écologique est déjà là

Ce qui est certain, c'est que l'écosystème humain est en danger. Il y a trois fois plus de catastrophes naturelles graves depuis les années 1980. Selon l'ONU, 9 catastrophes naturelles sur 10 sont désormais liées au dérèglement climatique. Des catastrophes qui font près de 300 000 morts par an. Autre chose très vérifiable : l'augmentation moyenne de 17 centimètres du niveau des océans au XXe siècle. Ou encore la progression fulgurante des terres subissant la sécheresse. Cela représente déjà 41 % de la surface du globe. Ce sera 70 %

d'ici à 2025, selon l'ONU. Le dérèglement climatique ne fait aucun doute… Ce constat s'impose à nous. Oui ou non ? Tout de même, ce n'est pas une petite question ! Si c'est oui, comme nous sommes vraiment très nombreux à en avoir la conviction, alors on ne peut admettre aucun délai pour se coller aux problèmes. Et pas question d'en rester aux résignations libérales habituelles : « On n'y peut rien car le problème est mondial », « Seule l'Europe pourrait si elle voulait », « Nos entreprises vont être désavantagées si nous leur imposons des contraintes que les autres n'ont pas. »

Pour agir, commençons par le commencement. On nous dit : « Le problème est mondial, donc on n'y peut rien dans un seul pays. » Si ! On peut faire beaucoup dans un pays pour arrêter les dégâts. Et on peut aussi peser sur le monde. Pas qu'un peu. L'Europe est le premier acheteur et le premier vendeur du monde. Telle qu'elle est aujourd'hui, elle ne fera rien. Mais nous pouvons l'y obliger. On peut prendre le libre-échange à la gorge et le traîner à la porte de la maison. Je ne parle pas seulement d'interdire les fraises en décembre et les cerises en janvier. C'est un modèle économique qu'il faut faire cesser.

Le libre-échange doit cesser

Le dogme du « libre-échange » est une idée née dans une cervelle[1] du XVIIIe siècle quand le monde était essentiellement agricole. Ses disciples contemporains n'hésitent pourtant pas à reprocher au marxisme, né deux siècles plus tard dans le monde industriel, son archaïsme. Que reste-t-il des bavardages sur « l'avantage comparatif » à échanger d'un bout à l'autre de la planète quand l'avantage en question est exclusivement

1. *Recherches sur la nature et les causes de la richesse des nations* (1776) est le plus célèbre ouvrage de l'écossais Adam Smith.

social et repose sur la capacité à surexploiter des salariés, à faire travailler des enfants et des prisonniers ? On émet du CO_2 non seulement pour produire toujours plus de biens, mais aussi pour les transporter sur des distances toujours plus longues. Ça sent l'arnaque à plein nez ! Depuis 30 ans, les échanges internationaux de biens progressent beaucoup plus vite que leur production. Révélateur, non ? C'est une sorte de bulle commerciale dont l'utilité réelle n'a jamais été discutée. Cela s'est encore accentué avec les délocalisations d'usines. On produit de moins en moins là où on consomme. Et les produits sont obligés de faire des milliers de kilomètres. Longtemps fabriqués dans le Nord-Pas-de-Calais et en Belgique, les pantalons « jeans » vendus en France sont maintenant cousus aux Philippines ou en Turquie. Votre jeans parcourt ainsi 40 000 kilomètres en moyenne avant d'arriver dans votre magasin et sur vos fesses. Pour quelle utilité collective ? Aucune ! Les emplois de l'industrie textile française ont disparu. Les travailleurs turcs et philippins sont exploités comme des bêtes. Des milliers de tonnes de pétrole sont brûlées pour transporter les jeans dans des cargos puis des camions. Et le jeans n'est pas moins cher pour le consommateur. Ou alors, quand il l'est, c'est au prix des emplois de ceux qui l'achètent. Les seuls à en profiter sont les actionnaires qui ont augmenté leurs marges sur le dos des travailleurs et de l'environnement. Le libre-échange se révèle une triple imposture : un mirage économique, un fléau social et un désastre écologique. Stop ! On peut dire stop, et le faire. Une bonne politique, aujourd'hui, dans tous les domaines, doit avoir une obsession : la relocalisation des activités.

Circuits courts

Construire des circuits courts, ça doit être un mot d'ordre général de réorganisation de l'économie du pays. Ça prend du temps, c'est compliqué, mais ça se mesure, ça s'observe, entreprise par entreprise, production par production. À condition de consulter et de mettre en mouvement les travailleurs citoyens. Quand ils verront que cette organisation est un moyen pour relocaliser leurs outils de travail, ils s'y mettront d'arrache-pied. Des pans entiers de la production doivent être relocalisés en créant des emplois et en changeant sérieusement le contenu et les méthodes de production. Pour relocaliser, nous n'aurons pas peur de taxer certains biens aux frontières en fonction des conditions économiques et sociales de leur production. Mais aussi de la distance totale parcourue jusqu'à nos frontières. Une taxe kilométrique ? Pourquoi pas. A-t-on vraiment besoin d'importer des asperges du Pérou et des tomates d'Israël alors que nous savons parfaitement les produire en France ? Mieux vaudrait réorienter notre production agricole pour qu'elle fournisse des produits variés et de qualité à la population. L'agriculture spécialisée vers l'exportation, ça suffit ! Et nous aiderons, au contraire, les pays du Sud à protéger leurs productions agricoles plutôt que de les détruire avec nos exportations. Relocaliser, c'est une décision qui relève de la souveraineté nationale. D'aucuns s'alarment des êtres humains qui passent les frontières sans droit d'entrée. Moi, ce sont les marchandises que je veux bloquer. Les marchands qui voudront continuer à passer devront montrer pattes vertes ! Et les autres ? « Qu'ils s'en aillent tous ! »

Il s'agit de prendre un tournant. C'est pourquoi je parle de planification écologique. Le mot planification fait évidemment sursauter. Quelle rigolade ! Comme si les libéraux ne planifiaient pas plusieurs années à l'avance le rythme d'entrée en application de la directive Bolkestein ! Comme si les grandes entreprises capitalistes n'organisaient pas des années à l'avance leurs programmes de recherche et leurs projets de production. Faire de la planification écologique, c'est décider qu'on va passer d'un modèle de production et d'échange à un autre d'une façon maîtrisée. C'est-à-dire avec des discussions pour évaluer les besoins. De la programmation pour mettre en mouvement les moyens. Des décisions démocratiques pour assumer les conséquences collectives. La planification écologique, du fait même de ses objectifs, se construit en articulant méthodiquement le niveau local et le niveau national. C'est très concret. Ce qui n'est pas planifié est abandonné à la main invisible du marché et aux normes libérales. Ce sont d'autres formes de planification d'autant plus pernicieuses qu'elles ne sont jamais mises en débat. Le résultat d'un développement non maîtrisé par les citoyens et leurs lois, nous l'avons sous les yeux. Je donne un exemple parmi mille. Une étude récente de l'INSEE montre qu'en 14 ans, les trajets dans les campagnes ont augmenté de 29 % pour faire ses courses ! Qui l'a décidé ? Est-ce une fatalité ? Ou bien le résultat d'une politique aberrante, et libérale, de gestion de l'espace, au prix d'un étalement infini des constructions et au détriment des terres agricoles ? Et les fermetures de services publics, postes, perceptions, hôpitaux, écoles, ne sont-elles pas aussi pour quelque chose dans cette explosion des trajets en voiture ? N'ont-elles pas été planifiées ? Qui en a débattu là où elles s'appliquent ? La planification libérale est une tyrannie sournoise, sans visage, qui cache les conséquences de ses objectifs. La planification écologique, c'est un acte de souveraineté populaire, de la démocratie concrète et pour mieux dire, c'est la République concrète puisque faite au service de l'intérêt général. La proposition de loi de planification écologique déposée en 2010 par les parlementaires du Parti de Gauche et du PCF dit comment faire. Ce projet prévoit que « le plan écologique de la Nation détermine les choix stratégiques et les objectifs à moyen et long terme de la Nation dans les domaines économiques, sociaux, environnementaux et d'aménagement du territoire, ainsi que les moyens nécessaires pour les atteindre ». Ce projet de loi définit aussi « les plans d'action pour parvenir aux objectifs attendus dans un délai de cinq ans », avec toutes les « mesures juridiques, fiscales et administratives » qui seront nécessaires. Ce Plan devra notamment « fixer les orientations de politique de l'eau, d'agriculture, de transport, de logement et d'énergie, et fixer les conditions de leur tarification » auprès des particuliers. Bon exemple de simple retour au bon sens : l'eau est un bien public. Le Plan, enfin, fixera, en les durcissant, les critères de la responsabilité sociale et environnementale des entreprises. Il donnera, dans le Code du travail, de véritables droits d'intervention des salariés sur la reconversion écologique des productions.

Sortir du nucléaire

Pour que ça marche, il faut proposer de grands défis ! C'est en fixant et en atteignant des objectifs élevés que le pays retrouvera confiance en lui. Par exemple en matière de transport. Notre option : les camions sur des trains. Avec des cibles : pas un camion sur la route entre la frontière belge et les frontières espagnole et italienne. Ça n'a rien d'une utopie. Car, précisément, un réseau ferré dense et fin a déjà existé dans notre pays. Il s'est développé de manière continue de la révolution industrielle aux années 1920, jusqu'à ce que la domination de l'automobile conduise à fermer des milliers de kilomètres de lignes. Ces lignes, il faut les rouvrir. Et aussi pour le transport de voyageurs. En commençant par les trous noirs aujourd'hui dépourvus de tout transport collectif efficace, comme les départements d'outre-mer, beaucoup de banlieues et certains départements ruraux. Je tiens le même raisonnement à propos du nucléaire. Il faut en sortir. Progressivement et méthodiquement. En construisant un nouvel appareil de production énergétique public, fournissant une énergie bon marché et propre. La folie, c'est de dire qu'on va continuer à produire de l'énergie avec un système dont un seul accident peut équivaloir à toutes les catastrophes que le pays a connues depuis qu'il existe. Et qui, de plus, laisse des déchets nuisibles jusqu'à la fin des temps. Ce qui n'est pas rationnel, c'est de vouloir continuer. Il n'est pas vrai que ce soit impossible ! D'une façon générale, il n'est jamais vrai qu'une seule manière de faire soit possible. La sortie du nucléaire est réaliste. Étalée dans le temps nécessaire, elle est jouable. Il y faut des efforts de techniques, d'inventions et de productions. Tout le contraire de l'argument ridicule d'après lequel « c'est le nucléaire ou le retour à l'âge des cavernes ».

Pour ma part, j'ai été convaincu par les techniciens et ingénieurs pour qui la ressource géothermique, sous ses différentes formes, peut prendre le relais de la production assurée par le nucléaire. Et la chaleur du sol et du sous-sol profond, elle, est vraiment renouvelable. En combinant cette ressource avec les économies d'énergie, on tient l'essentiel de la solution de remplacement. L'indépendance énergétique serait garantie pour toujours. Pas avec le nucléaire ! On nous rabâche tout le temps l'inverse. Mais on tait que le nucléaire dépend entièrement d'un combustible rare, l'uranium. La France n'en a plus un seul gramme dans son sol.

Nous serions lourdement dépendants de cette ressource non renouvelable si nous relancions le nucléaire, comme le veut Sarkozy. D'autant que ce combustible va devenir de plus en plus convoité – il n'y a de réserves mondiales d'uranium que pour 80 ans. En 20 ou 30 ans de mise en place des énergies alternatives, nous serons tirés d'affaire. Resteront les déchets, bien sûr, si la recherche n'a pas trouvé la réponse au problème que pose leur durée de vie. Rien ne justifie donc la débauche d'argent public qui est investi dans le nucléaire à l'exclusion, ou presque, de toutes les autres sources d'énergie. La vraie solution d'indépendance nationale, c'est le remplacement du nucléaire. Car, si notre ressource en énergie dépend d'une matière première qui peut nous être disputée ou refusée, c'est une grave fragilité. Notre indépendance énergétique, c'est notre sécurité. Mais c'est aussi ce qui fera de la France le pays de la paix, et non des aventures impériales.

V

FAIRE UNE AUTRE PAIX

Funeste nombrilisme

Ce que j'ai lu et vu m'apprend qu'une révolution citoyenne en France ne laissera pas le monde indifférent. La contagion pourrait inquiéter. Inutile de rêver : il n'y a pas de citoyenneté dans le cadre national si nous devons être contrôlés ou dépendants dans l'arène mondiale. Et la paix est le plus sûr moyen de rester maîtres de nos décisions. Mais je constate que cette question de la paix est un angle mort des discours politiques en France. Pourquoi ? La paix n'est pas l'état de nature des sociétés, que je sache ! Au contraire. C'est une construction politique très délicate. Elle combine tant de facteurs instables ! Tout se passe à présent comme si la guerre était pour toujours le problème des autres. Un sujet exotique. Funeste nombrilisme ! Pour commencer, la pensée dominante fait comme si l'Europe était vouée à la tranquillité. Les siècles de guerres qui l'ont déchirée dans le passé auraient servi de leçon. Quel angélisme ! L'absence de guerre depuis le 8 mai 1945 est même attribuée à l'existence de l'Union européenne. Propagande ! C'est la guerre froide, et « l'équilibre de la terreur », comme on disait alors, qui a stabilisé le Vieux Continent. Elle renvoyait au deuxième plan les anciens sujets d'empoignade. Vous l'avez d'ailleurs remarqué : les conflits en Europe se sont rallumés après la fin de l'URSS. Avez-vous vu comme ils dessinent, depuis lors, une carte des permanences de l'histoire ? Mieux vaut en être conscients : en Europe comme ailleurs, les anciens brasiers entre les nations et à l'intérieur de celles-ci sont encore tièdes. L'Europe actuelle se rassure à bon compte. Elle veut croire que les tensions dans le monde seront dissoutes par des révolutions de « velours » comme celle que lui a livrée sans conflit l'empire soviétique.

Dans ce tableau simpliste, seul menacerait le terrorisme international. Ce n'est pas sérieux ! La place du terrorisme dans l'ordre des menaces est totalement surévaluée. Le risque majeur reste la vieille aptitude à la querelle entre les nations et les empires ! La pulsion permanente à s'affronter avec les voisins, celui de l'intérieur et celui de l'extérieur, chaque fois qu'on n'arrive pas à régler un différend d'intérêt, tiraille toujours en profondeur les communautés humaines. Le monde est déjà mené par l'empoignade des puissances. Il sera aussi exubérant demain que l'explosion du nombre des êtres humains. Vous y pensez ? Il y a autant de monde vivant en ce moment qu'il y en a eu depuis le début de l'humanité… Et l'Histoire devrait s'apaiser ?

Le venin du choc des civilisations

Pour moi, la mauvaise pente du monde d'après la chute du mur de Berlin a été inaugurée par l'éclatement de la Yougoslavie[1]. Ce fut le révélateur des forces obscures qui traversent l'espace européen et le monde. Souvenons-nous. En Yougoslavie se combinaient des inégalités économiques et politiques. Elles ont été reformulées dans le vocabulaire d'une guerre de religion entre catholiques,

1. Le 25 juin 1991, la Slovénie et la Croatie déclarent unilatéralement leur indépendance, suivies le 29 février 1992 par la Bosnie. Loin de modérer les tensions nationalistes et ethnicistes, les USA, le FMI et la Commission européenne étaient parmi les premiers à reconnaître ces indépendances qui ont précipité la fin de la Yougoslavie.

orthodoxes et musulmans. Puis elles ont été brassées dans les remugles du nationalisme le plus archaïque. De ce bouillon mortel Samuel Huntington tira la thèse du « choc des civilisations »[1]. Culture et religion, étroitement liées, dessineraient la carte du monde et de ses conflits à venir. Il jurait vouloir conjurer ce choc en le décrivant. En fait, il a fourni l'argumentaire dont l'impérialisme américain a tiré prétexte pour toutes sortes de manipulations et interventions dans le monde. Des bataillons de politiciens alignés sur l'Empire ont pris le relais.

Ainsi Nicolas Sarkozy, à peine élu. Le 27 août 2007, devant les ambassadeurs de France, il a fait allégeance au credo étatsunien en pointant le risque du conflit entre « l'Occident et le monde musulman » comme la première menace sur la paix du monde. Absurde ! Qu'est-ce donc que « l'Occident » ? Et le « monde musulman » ? Ce ne sont pas des entités politiques ! Qui plus est, la France laïque ne définit pas les Nations par la religion dominante de leur peuple. Quelques mois plus tard, c'était son intronisation comme chanoine de Latran. Là, il définit la France comme nation chrétienne ! Rien que ça ! Au mépris de l'histoire et de l'identité laïque de la République qu'il préside. Il psalmodiera ensuite à Riyad de grotesques apologies de Dieu et de la religion comme fondement de la paix, et même de l'identité humaine. Toutes ces aberrations ont donné à la diplomatie française un cours idéologique qui l'isole et rabougrit son audience. Elles ont servi de viatique à une dérive atlantiste totalement aveuglée. Sous Sarkozy, la France a rejoint le commandement militaire intégré de l'Otan. La belle affaire ! Alliance militaire sans objet politique depuis la fin de la guerre froide, l'OTAN est à présent un pur organe impérial des États-Unis. Quelqu'un veut me démontrer le contraire ? Du coup, notre pays est lié aux aventures les plus discutables

1. *Le Choc des civilisations,* essai politique du Nord-Américain Samuel P. Huntington, paru en 1996. Réédité en 2000 en poche chez Odile Jacob.

de l'empire, comme cette guerre d'Afghanistan. On saoule les opinions avec des romans humanitaires pendant que les armées accompagnent prosaïquement la pose des pipelines. Nos militaires, nos diplomates n'ont rien à faire dans ces équipées.

« Qu'ils s'en aillent tous ! » Militaires et diplomates doivent être rappelés d'Afghanistan et de tous les comités militaires et diplomatiques où ils siègent en application de la politique atlantiste. Tous doivent être rappelés aux tâches qui servent la souveraineté des citoyens et la politique indépendante qui correspond à l'idéal républicain. Car il y a urgence à agir autrement et ailleurs.

L'exemple de l'épouvantail russe

On m'a compris : je ne crois pas hélas que l'Europe soit vouée à la paix. Si l'action politique n'y veille pas avec soin, la guerre y reviendra aussi spontanément que la moisissure aux murs humides. Avez-vous vu avec quelle aisance a été installé un discours de tension avec la Russie ? Facile ! Il prolonge dans les opinions et les réflexes médiatiques l'ancienne mentalité de guerre froide. Elle est donc pourtant finie, n'est-ce pas ? Nous voici ramenés aux habituelles confrontations entre puissances pour la maîtrise des matières premières. Ici, il s'agit de pétrole ou de gaz. Que fait la France ? Elle suit les cow-boys nord-américains en virée. Les provocations se multiplient. Pour un peu, on installerait une base de l'OTAN sous le mur du Kremlin. Ainsi, quand dans les pays qui entourent la Russie se déclenchent des mouvements populaires, aussitôt rappliquent les agences nord-américaines et leurs conseillers en communication. Feu d'artifice ! Voici ces « révolutions » sympathiquement colorées par la propagande : orange ici, violette là-bas. Y sont mises en piste des marionnettes politiques locales d'autant plus dangereuses qu'elles sont très vite rejetées par les populations qu'elles avaient dupées. Ces manœuvres déstabilisent les nouveaux pays indépendants en confortant des autocrates violents et irresponsables du genre du président Saakachvili, tyran en Géorgie. Ceux-là sont de gros malins. Ils poussent à l'affrontement international pour sauver leur peau à domicile. Ces va-t-en guerre s'agitent sans relâche. Et quand le gouvernement américain les cajole sans retenue, on tremble de voir que le danger n'est plus une probabilité, mais déjà un rendez-vous.

Pour la France, les Russes ne sont pas des ennemis. Bien au contraire. Et les droits de l'Homme ? C'est une chose que notre avis sur le traitement des droits de l'Homme dans ce pays, et une autre que notre appréciation du rôle de la Russie dans la construction de la paix en Europe. Le mélange des registres ne nous mène nulle part, sinon à jouer le rôle d'idiots utiles au service des rapports de force qui vont dans le seul intérêt des États-Unis d'Amérique.

Main dans la main avec quels Allemands ?

Les menaces de troubles aux frontières de l'Union européenne sont visibles. Mais l'intérieur de l'Union n'en est pas exempt. Beaucoup viennent du fond de l'histoire et cantonnent dans les mémoires. Je veux être direct : je ne vois pas, par exemple, que les relations des Allemands avec tous leurs voisins soient définitivement apaisées. Nous-mêmes, Français, ferions bien d'admettre que la génération dirigeante de l'Allemagne réunifiée n'est plus celle que le remords raisonnait et que la division en deux États contenait. Aux dirigeants allemands décomplexés devraient correspondre des dirigeants français dessillés. Avoir consenti que les Allemands soient plus nombreux[1] que les Français dans le Parlement européen est une faute. Cette décision est en contradiction avec l'esprit des

1. Le traité de Nice (26 juillet 2001) attribue 99 sièges à l'Allemagne et 74 à la France.

fondateurs franco-allemands de l'Union européenne. De Gaulle et Adenauer s'étaient exprimés sans aucune ambiguïté sur ce sujet pour dire que seule l'égalité, en toutes circonstances, donnait une base solide à la relation entre nos deux pays. Mon avis est qu'on n'assure pas la paix entre nos peuples si on préfère ses illusions aux réalités. Les gargarismes sur le couple franco-allemand doivent céder la place aux réalisations concrètes. Construire des relations étroites avec les Allemands, c'est un devoir permanent de notre pays. Et chacun doit s'y atteler à la place qu'il occupe.

À la mienne, je m'y suis astreint. En créant le Parti de Gauche, nous avons voulu que notre meeting de lancement se fasse la main dans la main avec notre alter ego allemand et notre inspirateur, Oskar Lafontaine, président de Die Linke. Un mois auparavant, nous sommes allés en délégation à sa rencontre pour solliciter son parrainage. Le dialogue ne s'est jamais interrompu depuis. À l'opposé, comme il est décevant de voir à quelles gesticulations pusillanimes est réduite la relation officielle entre Paris et Berlin ! Je le dis avec gravité et je me fiche bien de l'air habituel sur le sujet : « Tout va très bien, madame la marquise ! » Car l'Europe va au-devant de secousses internes. Leur onde de choc doit être maîtrisée. La relation entre Français et Allemands est toujours, pour finir, le point sensible où s'infectent toutes les fièvres. La matière abonde.

La fièvre régionaliste

En effet, plusieurs pays de l'espace politique européen sont eux aussi entrés dans une phase de turbulence. À l'est, les frontières qui séparent certaines communautés ethniques sont chahutées. Des nationalismes exacerbés s'expriment sans vergogne. Au centre et au sud, des nations récentes, ou plus anciennement morcelées, craquent sous l'effet de tensions internes. On connaît bien ce processus morbide. Les États, démantelés par les politiques libérales, sont absents. Alors les communautarismes prennent le relais. À mesure que les problèmes sociaux s'accroissent, les solidarités se brisent. Les uns ont tendance à vouloir se séparer des autres pour pouvoir vivre mieux. C'est ce qui arrive en Belgique, par exemple. Les Flamands veulent se séparer des Wallons pour constituer une entité indépendante. Que feront les Wallons si un tel projet aboutissait ? Personne n'en souffle mot. Pourquoi ? Tout le monde sait que la Belgique est un État totalement artificiel, inventé à une autre époque par les Anglais pour tenir les Français à distance des ports les plus proches de leurs côtes. Ceux qui aiment l'Histoire savent combien les Wallons se sont impliqués dans les démêlés français. On peut imaginer sans peine, dans le cas où les Flamands se sépareraient, que les Wallons veuillent leur rattachement à la République française.

Nombre de Français – comme moi – s'en enthousiasment. Pas vous ? Mais ce serait quand même un sacré changement du tracé des frontières dans l'Union. Ah ! mais, direz-vous, il y a le précédent de l'unification allemande. N'empêche ! Ça ferait vraiment une très grande France. Et quelques inquiets, pas vrai ? Notons que la réunification allemande aussi souleva des problèmes, même si on les a bien étouffés. D'autres cas de ce genre, à l'est de l'Europe ou au sud seraient autrement plus tendus. On ne peut prévoir grand-chose sur ce point. Mais on ne peut ignorer le sujet. Et notre devoir est d'y penser, même si on n'en parle jamais. Et nous, Français, première population de l'Union dans quinze ans, premier territoire par l'étendue, deuxième PIB du Vieux Continent, puissance nucléaire, nous ne pouvons nous contenter d'attendre ce que trouveront utile de faire des ectoplasmes du genre du chrétien-démocrate belge Van Rompuy et de la baronne travailliste anglaise Ashton, ces poules mouillées de l'Union européenne élevées sous le parapluie américain. Au contraire, nous devons nous assumer et proposer, sans complexe.

On comprend assez bien comment interagissent les tensions qui naissent dans les nations et celles qui surgissent entre elles. J'ai commencé par celles qui nous touchent de près. Mais je vois bien, comme tout le monde, celles qui sont à l'œuvre dans les grands ensembles mondiaux. Celles-là aussi nous impliquent très directement. De plus, à cette échelle intervient une nouvelle donne : l'impact de la crise économique se combine avec la montée des crises écologiques. Nous sommes peu préparés à anticiper les conséquences des désastres d'origine écologique. Or ils constituent un facteur direct de déstabilisation des relations internationales. Par exemple, les mouvements de populations dus aux changements climatiques dérèglent complètement les relations de voisinage dans nombre de pays entre lesquels circulent des réfugiés. Ou bien l'accès à des matières premières vitales, comme l'eau, peut devenir un sujet d'âpres concurrences. On sait dans quel contexte hautement inflammable cette question se pose au Moyen-Orient. Et on ne trouve rien de mieux à faire qu'imposer un modèle agricole qui éradique les agricultures vivrières locales ! Une criminelle absurdité. Chef d'orchestre de cet ordre des choses : l'OMC. Le mandat que les pays européens donnent à leur représentation doit être rediscuté publiquement dans nos pays. Il doit être radicalement reformulé pour donner la priorité au réalisme, c'est-à-dire aux critères écologiques et sociaux. Il faut inverser la hiérarchie des normes et des instruments d'action. Ainsi, nous avons intérêt à ce qu'il existe un véritable droit climatique international dans lequel les peuples ont la voix au chapitre. Comme l'a proposé au sommet de Cochabamba le président bolivien, Evo Morales, pour que ne restent pas impunis les crimes écologiques qui déséquilibrent le monde. Son projet de tribunal écologique mondial doit aboutir.

Où sont les facteurs de stabilité, quels sont les mécanismes qui corrigent les déséquilibres contagieux ? On ne les voit pas. Il n'y en a pas. Pire : ceux qui existent sont minés de l'intérieur par les mauvais coups que leur portent les méthodes arrogantes des pays dominants. Toutes visent à substituer les rapports de forces aux instruments de coopération. Par exemple, il existe une commission de l'ONU vouée au commerce et au développement, la CNUCED[1]. Les G8 et G20, réunion des premiers PIB du monde dont 90 % des nations sont exclues, font comme si elle n'existait pas. Pourquoi la France donne-t-elle sa caution ?

Autre exemple : le FMI se donne un brutal pouvoir de contrainte financière sur les nations les plus mal en point. Mais seuls les États-Unis d'Amérique y disposent d'un droit de veto. Pourquoi la France a-t-elle accepté la redistribution cosmétique par Dominique Strauss-Khan[2] des droits de vote au FMI[3] alors qu'une « vraie réforme démocratique » de cette institution avait été promise ?

Il faut faire autre chose, autrement, ailleurs, avec d'autres. Dans les pays d'Amérique latine, l'alliance bolivarienne des peuples, sous l'impulsion du Venezuela, de la Bolivie et de l'Équateur, tente de créer des outils de coopération régionale égalitaire où la sphère marchande n'occupe pas tout l'espace. Les Français devraient s'inspirer de cette façon d'agir plutôt que de faire la claque à l'OMC pour faire tomber les barrières douanières.

1. Commission des Nations unies pour le commerce et le développement.
2. Directeur du FMI de 2007 à 2011.
3. Décidée en 2008, cette réforme du FMI ne redistribuera qu'une part infime des droits de vote au sein de cette institution, sans remettre en question le droit de véto des États-Unis et la domination des pays du Nord.

Cette logique constante du rapport de forces conduit à l'épreuve de force. Les théoriciens du « choc des civilisations » tiennent le haut du pavé aux États-Unis. Ils y labourent l'opinion des décideurs. Les lobbys militaro-industriels du pays s'activent. Eux ne se payent pas de mots. Ils savent ce qui se prépare. Un chambardement de première grandeur. C'est le risque américain. Les États-Unis vivent à crédit sur le reste du monde.

Leur monnaie est éditée à jet continu. Au point qu'ils ne publient plus aucune mesure de l'état de développement de cette masse monétaire. C'est de l'« argent papier » sans aucune contrepartie matérielle. Cette situation vient de loin. Depuis ce jour d'août 1971 où le président Nixon décida de décrocher la valeur du dollar de sa contrepartie en or. Depuis, le dollar vaut ce qu'on veut en croire. L'argument ultime de cette monnaie, c'est la puissance militaire qui garantit sa circulation. Avez-vous bien en tête de quoi on parle ? La puissance militaire des États-Unis est appuyée sur 735 bases dans le monde, dans 130 pays et sur les 5 continents. Ils ont 600 000 hommes de troupes stationnés à l'étranger. Les États-Unis ont des dépenses militaires égales à celles de tous les autres pays du monde réunis. Quel genre de naïf peut croire qu'un tel arsenal, une telle capacité d'intervention, sont mis exclusivement au service du bien universel et de la tranquillité générale ? Ils servent les intérêts des États-Unis d'Amérique. Pendant ce temps, inexorablement, le rapport de force économique est en train de basculer. Il donne la prédominance financière, commerciale et technologique à l'atelier du monde qu'est la Chine. Un jour ou l'autre, une combinaison de facteurs confirmera ce basculement du centre de la puissance. Ce sera une bifurcation majeure de l'histoire humaine. Pour les USA, avec la fin de la première place commencera une glissade vers les derniers rangs.

Ce sera une dévaluation aussi vertigineuse que la montagne de dollars émis sans contrepartie. Vous croyez sérieusement qu'ils laisseront faire cette disqualification ? Elle ne changera pas seulement leur classement dans l'ordre des nations, mais leur mode d'existence quotidien.

Nous n'avons aucune raison de ne pas prendre à temps fortement et clairement nos distances. J'entends déjà les vuvuzelas pavloviens : « Antiaméricanisme primaire ! » Et ils sont méchants, j'en ai goûté ! J'ai dit dans une émission de télé à M. Pierre Lellouche qu'il était sous l'influence des arguments de la CIA à propos de l'Afghanistan. Il a répliqué en menaçant de me « flinguer » ! Ça ne doit pas impressionner. Les mêmes bons esprits modérés avalent tout rond les bobards répandus par les agences d'influence de l'« américanisme supérieur ». Dès lors, certaines questions, pourtant essentielles s'agissant de la paix du monde, sont traitées sur un mode totalement incantatoire dans le registre de l'intimidation davantage que du débat argumenté.

Non au grand marché transatlantique !

L'indépendance à l'égard des États-Unis d'Amérique n'est pas hostilité irraisonnée à leur encontre. C'est une cure d'autonomie mentale qui aura pour premier effet de nous responsabiliser et de nous habituer à penser et à agir par nous-mêmes, comme des citoyens adultes qui maîtrisent leurs choix et décisions. Cette politique ne se limite pas seulement aux aspects militaires. Nous devons refuser d'accroître notre liaison économique et politique avec l'empire en déclin que sont les États-Unis d'Amérique.

Pour l'immédiat, donnons un coup d'arrêt au projet de « grand marché transatlantique » que l'Union européenne fomente avec les États-Unis d'Amérique. Ce projet veut abolir toutes les restrictions aux échanges commerciaux et financiers entre les deux rives de l'Atlantique d'ici à 2015. Aucun débat public n'a jamais eu lieu sur ce thème. Notre Parlement n'a jamais parlé. Mais la Commission européenne et le Conseil se sont exprimés, des réunions ont lieu tous les ans, le Parlement européen a voté à plusieurs reprises des résolutions enthousiastes. Les Français doivent se retirer de tous les comités de pilotage parlementaires et gouvernementaux de cette affaire. Ce dossier vit une vie spéciale. C'est tellement énorme que personne ne veut le croire. Pendant la campagne des élections européennes, je pensais provoquer un débat fracassant sur le thème. Notes de blog, brochure pédagogique du Parti de Gauche, discours, tout y est passé. Rien. Pas un écho médiatique. Un envoi de la brochure explicative à 600 journalistes n'y fit pas davantage. Décidément les USA tétanisent.

Une indépendance globale

L'indépendance vis-à-vis des États-Unis d'Amérique doit être globale. Elle doit couvrir tous les champs où la souveraineté citoyenne des Français est engagée. Au fond, plus nous avancerons dans ce domaine, plus nous aurons les mains libres dans les autres. Ce n'est pas simple. Les États-Unis n'aiment pas qu'on leur tienne tête. Ils ont de vrais commensaux dans les élites de notre propre pays. Mais ce n'est pas nouveau pour la France. Nous avons déjà été « encerclés » de cette façon. Et nous avons brisé l'encerclement. Il faut donc, suivant une tradition française bien établie, trouver les partenaires économiques et militaires qui permettent cette indépendance. Le royaume de François Ier en pleine période d'hystérie chrétienne s'est allié au sultan de l'Empire ottoman. La République française, implacablement laïque, s'est alliée au tsar orthodoxe de Russie. Il y eut des émois et des malédictions. Nous sommes toujours là, et ces contre-pieds n'y sont pas pour rien. De tels partenaires sont disponibles.

Dans le monde qui naît, nous devons nous tourner vers les pays émergents. Nous avons mieux à faire que d'aboyer sur la Russie, snober la Chine, ignorer l'Amérique latine et mépriser les pays de la façade maghrébine avec qui nous avons une histoire liée, des parentèles et l'usage en commun d'une langue. J'en viens de suite au plus abrupt... Selon moi, la France du XXIe siècle doit avoir avec la Chine une coopération avancée. En matière économique, on peut facilement se comprendre. Il y a, entre nous, une culture commune bien plus étendue et profonde qu'avec les Nord-Américains. Les Chinois, comme nous, accordent depuis des siècles une place centrale à l'État dans leur développement. Dans les relations internationales, ils ne pratiquent pas l'impérialisme aveugle des Américains. La Chine est une puissance pacifique. Il n'existe aucune base militaire chinoise dans le monde. Il n'y a pas un seul militaire chinois à l'étranger, en dehors des missions de l'ONU. La Chine n'est pas intéressée au rapport de forces de cet ordre. Techniquement, la Chine est en pointe dans maints domaines où nous sommes nous-mêmes en bonne posture. Donc, la relation peut être plus équilibrée et stimulante qu'avec l'empire en déclin technique des États-Unis. Dans ces conditions, la France doit être la première à construire ce nouveau partenariat coopératif avec les Chinois. Ce serait une suite logique. N'a-t-elle pas été la première, à l'Ouest, à reconnaître la République populaire de Chine en 1964, sous l'autorité du général de Gaulle ? Il y eut alors des couinements et des renfrognements. Le reste du monde suivait strictement les consignes des États-Unis d'Amérique, préférant accorder son attention et son affection à l'État de circonstance qu'est Taïwan. Que le régime chinois ne nous convienne pas est une chose. Que le capitalisme y fasse des ravages, de même. Mais que ce soit le prétexte pour laisser les seuls États-Unis s'accorder directement avec lui dans le cadre d'un G2 dorénavant très visible est une immense faute politique. Ce qui est en cause, c'est notre indépendance, c'est-à-dire la possibilité de faire ce que nous voulons sans être contrôlés, ou punis, par les actuels tuteurs du monde.

Désarmer

Nous sommes une des cinq puissances nucléaires officielles du monde, huit si l'on ajoute l'Inde, le Pakistan et Israël. À bon droit, nous faisons partie de ceux qui peuvent se sentir protégés. Ce n'est pas rien dans le rapport de forces. C'est même tout à fait décisif. La France parle toujours fort même quand elle chuchote. Elle peut jouer un rôle d'entraînement pour la paix. Je viens de dire comment elle peut contribuer à faire baisser les facteurs de tensions. Cela commence par accepter de les regarder en face et d'avoir une politique indépendante à leur sujet. Il faut aussi avoir une parole claire face au premier péril que l'humanité fait peser sur elle-même. Le désarmement nucléaire mondial est un impératif catégorique.

Il est d'autant plus jouable qu'il est réaliste. On ne commencera pas par désarmer unilatéralement la France. On doit exiger que désarment sérieusement ceux qui sont en état de faire disparaître plusieurs fois ce monde : les États-Unis d'Amérique et la Russie. Ensuite, ou en même temps, mais proportionnellement, tous les autres. Raison supplémentaire pour ne jamais rien céder dans la lutte contre la dissémination nucléaire et se ranger partout dans le monde pour la création de zones dénucléarisées. Quelle crédibilité conservons-nous quand Nicolas Sarkozy s'acharne sur le dossier iranien mais ne dit pas un mot en faveur de la dénucléarisation totale du Moyen-Orient ? On ne peut vouloir, à juste titre selon moi, tordre le bras du gouvernement dictatorial et théocratique de l'Iran si l'on n'énonce pas en même temps un clair refus d'une singularité nucléaire pour Israël.

C'EST POSSIBLE !

L'audace contre la camisole

Nous devons avoir l'optimisme contagieux pour convaincre de ce que nous voulons faire. Car dans notre pays, il y a un parti de tireurs dans le dos qui a pignon sur rue : ce sont les « déclinistes » ! Pour ceux-là, quel que soit le sujet, la France est toujours « en retard », « à la traîne ». Le déclin serait là, flottant dans l'air comme une musique de fond dans un film d'horreur. Cette prose tient le haut du pavé dans la presse de référence. Elle a créé une mode contagieuse qui fait pousser de la déprime comme du chiendent dans tous les médias. Comme cette jubilation de la déchéance est injurieuse pour ceux dont le travail est ainsi méprisé. Combien de fois les arguments sont-ils débités au mépris des réalités les mieux établies. Et avec quelle mauvaise foi ! J'ai lu un de ces éditorialistes saluant la misère de tel peuple parce qu'elle savait rester muette tandis que, chez nous, on défile pour la retraite à 60 ans. Que produisent ces fumisteries ? Du doute et du dégoût de soi. C'est le but. Nous convaincre que nous sommes trop nuls pour oser quoi que ce soit. Un message en boucle : tout va mal car il n'y a pas assez de marché, pas assez d'Europe, pas assez de flexibilité, et ainsi de suite. Les déclinistes ne produisent pas une analyse, ils tambourinent une opinion. Ils doivent être affrontés. Mais encore faut-il en finir avec la crainte de passer pour un « franchouillard » dès qu'on doit se féliciter d'une réussite de notre pays ou se comparer avantageusement avec d'autres.

Nous sommes riches !

Car ce doute sur soi si bien distillé, cet abattement si vicieusement mêlé à tous les plats est une telle camisole contre l'audace. Il interdit de voir l'essentiel, c'est-à-dire l'immensité du potentiel et de l'énergie que contient la France. La vérité est que notre pays n'a jamais été aussi riche de toute son histoire. Il produit 1 995 milliards de biens et services par an, alors qu'en 1981 il en produisait à peine 1 000. Il est le cinquième pays le plus riche du monde. Son patrimoine public dépasse les 3 000 milliards. Encore ne dis-je rien des patrimoines privés. Et par-dessus tout, je ne dis rien de l'incommensurable richesse que sont la créativité, la générosité, la disponibilité de notre peuple aujourd'hui bridées dans les chaînes du modèle dominant d'égoïsme social. Ce sont elles qu'il faut rompre.

Faire une révolution citoyenne en France

Révolution ! Le mot fait peur. Pourquoi ? Avons-nous à nous plaindre de celle de 1789 ? Elle a fondé l'ère moderne, selon le mot de Goethe. Nous lui devons notre identité républicaine et l'avènement de l'ère des droits de l'Homme. La révolution, c'est trop quand le quotidien va. Ce n'est rien quand le désordre du monde vous annonce que plus personne n'a d'avenir. Devant le gâchis, les plus éloignés de la politique lèvent le nez. Ils sont fâchés : « Mais qui a décidé ça ? » Bonne question. Je résume la réponse. La finance commande en tout et sur tous. Elle domine tous les pouvoirs et toutes les propriétés. C'est la dictature de l'actionnariat. La valeur au poste de commande est la concurrence libre et non faussée. L'idéal de mode de vie est la surconsommation ostentatoire. Des grands rouages économiques aux petites échelles intimes, tout est aligné sur les mêmes normes. Telle est la gouvernance de notre temps que je nomme « globalitaire ».

Le résultat de ce système a dépassé en aveuglement tous les gouvernements capitalistes ou socialistes du passé. Ivre de certitudes, saoulé par sa propre propagande, le système patauge dans les crises financières systémiques. Il assiste, halluciné, à sa propre dynamique de destruction de l'écosystème humain. Les gouvernements y deviennent des agences de spectacle politique. Les productifs de haute et petite qualification sont mis au service d'objectifs ineptes et sont traités moins bien que les machines qu'ils créent et font tourner. Ça, c'est vrai dans le monde entier comme en France. On peut commencer à rompre cet enchaînement chez nous. Comment ? Je résume encore : en abolissant la domination de la finance et en établissant la souveraineté populaire partout, à sa place. La France est le pays où peut s'ouvrir une nouvelle fois une grande page neuve de l'histoire du monde.

Osons !

Le monde du nouveau siècle offre toutes sortes d'opportunités majeures pour notre pays, pour peu qu'on agisse avec optimisme et confiance en soi. Les Français ont une place singulière, parce qu'ils portent une histoire singulière et sont unis par la cause universelle qu'ils gravent au fronton de leurs mairies : « Liberté ! Égalité ! Fraternité ! »

Entre Méditerranée et Atlantique, présents dans le Pacifique et l'océan Indien, frontaliers du Brésil, le monde nous intéresse et nous concerne de façon concrète et stimulante. Nous n'avons pas à craindre les horizons larges. Nous sommes un pays dont la passion égalitaire est perçue à l'étranger. Avec dérision par les uns, avec une folle espérance par les autres. Comme l'a dit Éric Cantona en réponse au fumeux débat sur l'identité nationale : « Être français, c'est être révolutionnaire ! » Loin d'en rougir ou d'imiter les tics du monde anglo-saxon, émancipons-nous ! J'achève mon croquis de la révolution citoyenne en France en faisant mienne cette définition de Saint Just[1] à propos de la grande Révolution de 1789 : « Osons ! Ce mot renferme toute la politique de notre révolution. »

Jean-Luc Mélenchon
19 août 2010
Lombreuil

1. Louis Antoine de Saint Just (1767-1794) est un acteur majeur de la Révolution française, un des principaux rédacteurs avec Robespierre de la Constitution de 1793 qui a instauré pour la première fois le suffrage universel en France. Il fut également à l'initiative des premières lois républicaines de redistribution sociale au profit des pauvres, des enfants et des personnes âgées.

Un an après

Ce livre a été publié pour la première fois en octobre 2010. Rien de ce que vous venez de lire n'a été démenti. Tout ce qu'il décrit s'est amplifié. Et ce qu'il annonce a commencé.

Depuis l'an passé, l'argent est allé à l'argent davantage que jamais. Les profits n'ont cessé de croître, les fortunes d'augmenter. Et cela au cœur de la pire crise du capitalisme depuis le début du siècle précédent. Et pourtant, pas un jour ne passe sans l'annonce de nouveaux sacrifices imposés au grand nombre.

Cette accumulation de richesses d'un côté, cet excès de souffrances de l'autre proviennent d'un même abus de pouvoir. Celui des banques, qui pillent les pays que des agences de notation amies leur livrent pieds et poings liés. Celui des dirigeants politiques de droite et de la social-démocratie, qui se soumettent avec un zèle ardent aux injonctions les plus grossières des maîtres de l'argent. La Grèce crucifiée leur sert d'épouvantail commun pour tâcher de tenir les peuples en laisse. La cupidité règne et emporte tout sans retenue. Les peuples vivent au rythme des délires de la sphère financière, du cours des Bourses et des monnaies. Où est alors le réalisme : du côté du laisser-faire ou du mien qui veut reprendre le contrôle de ce train fou ?

En France, le personnel politique au pouvoir s'est vautré sans vergogne dans le bain doré des puissants de la terre. D'aucuns ont franchi les limites de la connivence. Trop de copains sont des coquins. Dorénavant, la présidence de Nicolas Sarkozy semble entraîner le régime lui-même dans l'opprobre et le dégoût. Cassera, cassera pas ? La monarchie quinquennale agonise. Mes lignes plaident pour la convocation d'une Constituante et le passage à une Sixième République. Ne voit-on pas, à présent, que le pays en a besoin, d'abord pour pouvoir se retrouver lui-même ?

Dès lors, cette refondation républicaine du pays est passée du rayon des projets hardis à celui des nécessités de salubrité publique. Les partisans du monarque la récusent. L'opposition socialiste la refuse. Le peuple la fera, tôt ou tard.

La politique officielle est si souvent mise en scène comme un spectacle dérisoire ! La colère que portent les lignes que vous venez de lire est-elle parvenue à percer la ligne de front de mes contradicteurs ? Si peu ! La cruauté de l'époque m'a fait brandir le poing, ils n'ont vu que lui !

Combien de fois m'aura-t-on reproché d'avoir écrit que le peuple prendrait « aux cheveux » les oligarques dont il ne veut plus ! Ce fut la seule violence que bien des commentateurs voulurent retenir de ce livre. Voilà qui leur permit d'évacuer celle dont j'ai voulu rendre compte, celle autrement plus actuelle et quotidienne : celle que subit la masse des gens du commun.

Dans ce registre, rien ne s'est amélioré, au contraire. Les fermetures de services publics et celles des entreprises ont infligé des cruautés caricaturales. Le saccage de l'école publique prépare un désastre humain inouï pour la génération sacrifiée. Cela ne sera jamais pardonné. Le partage du savoir accroît la richesse qu'il distribue. Les êtres éduqués, enfants de culture et de science, sont rendus meilleurs personnes et citoyens, plus doux au collectif humain. Voilà le manifeste du fond central de mon humanisme. Le consumérisme éducatif et la marchandisation de l'école sont un effondrement.

La violence de la situation sociale s'est encore accrue. Le chômage de longue durée, qui conduit directement à la pauvreté, a augmenté de 9 % depuis la première édition de ce livre. Et celui des plus de 50 ans a bondi en raison de la réforme des retraites, exactement comme nous l'avions prévu et dénoncé à l'automne 2010. La pauvreté explose. 340 000 personnes de plus y ont basculé en un an à peine. Il y a dorénavant 8,2 millions de pauvres dans notre pays. Et ils sont de plus en plus pauvres. Le revenu des 10 % les plus mal lotis a encore baissé de 1 % en un an. Celui des 10 % les plus riches continue d'augmenter. La crise n'est pas un problème pour eux, c'est une rente.

En haut de l'échelle, ceux que j'avais appelés « les grosses bouches à fric » sont insatiables. En 2010, les patrons du CAC 40 se sont royalement augmentés de 24 %. Et ce sont les mêmes, et leurs chiens de garde, qui me traitent d'irresponsable quand je défends la proposition du Front de Gauche d'augmenter le SMIC de 25 % pour le porter à 1 700 euros bruts. « C'est impossible ! » brament-ils. Aucun ne se risque pourtant à me dire comment il est possible de vivre avec les 1 065 euros nets par mois du SMIC actuel. Des millions de travailleurs vivent à la limite de la pauvreté. Un SMIC, c'est seulement 120 euros par mois de plus que le seuil de pauvreté. Il n'est plus possible de vivre décemment dans notre pays avec ce niveau de salaire. Face à cela, les compteurs de l'indécence explosent. Les très gros salaires s'envolent. Pour rester dans ma comparaison, je calcule en années de SMIC les augmentations de salaire des grands patrons du CAC 40 en 2010. L'actualisation de cette triste statistique est sidérante.

En un an à peine, Baudoin Prot, le patron de la première banque française, championne de la spéculation,

BNP Paribas, s'est augmenté d'une vingtaine d'années de SMIC. Il est passé de 2,37 millions à 2,63 millions d'euros de salaire. Son collègue, Frédéric Oudéa, autre champion de la banque spéculative à la tête de la Société générale, s'est augmenté de 157 % en une seule année en s'octroyant d'un coup une augmentation de 137 ans de SMIC. À la tête de Total, Christophe de Margerie est passé de 2,6 millions de salaire fixe à plus de 3 millions, soit une rallonge de 27 ans de SMIC. Cette impudence me donne des ailes. Personne n'ose vraiment me regarder dans les yeux quand je propose qu'on décide de mettre en place un salaire maximum dans notre pays en limitant de un à vingt l'écart des salaires dans une entreprise. Et quand je dis que nous prendrons tout au-delà de 360 000 euros de revenu par an, qui ose publiquement me dire non ?

Le partage de la richesse est la question cruciale. C'est par là que passe tout changement de la situation du pays et des gens qui y vivent. Il faut partager pour réanimer le corps anémié de la société, saigné par le prélèvement parasite des gros bonnets du fric. Ce partage, c'est le cœur de la lutte qu'il faut mener sans s'en laisser détourner par des promesses et des formules creuses qui sont d'autres arnaques. Parlons clair : il ne suffit pas de « partager les fruits de la croissance ». Cette formule ne dit pas l'essentiel : il faut changer la taille de la part des salariés dans le gâteau à partager. Et c'est cela qui créera de la croissance. Et il restera encore à choisir ce qui doit croître et ce qui doit décroître, car il faudra tout aussi impérativement l'un et l'autre. Le productivisme est forcément aveugle. Pour moi, la « croissance » n'a de sens que si c'est celle du progrès humain.

À gauche, qui ne dit comment affronter les banques et le système financier, qui ne leur promet la riposte sans concession, ne peut être pris au sérieux. Il ne s'agit de faire ni des paroles ni des slogans. La radicalité que je prône est concrète et technique. Je propose de frapper fort et surtout au bon endroit[1]. Le monde est rude. C'est l'heure des caractères. Il faut choisir son registre. La capitulation sans condition sur le mode des Papandréou en Grèce ou Zapatero en Espagne ou la castagne. « Nous sommes en guerre, disait le 4 octobre à la radio le délégué CFDT d'Arcelor Mittal à Florange, à l'heure où l'actionnaire ferme le dernier four. Ils ne savent pas produire sans nous. Nous savons faire de la sidérurgie sans eux. » Les délégués CGT du thé Éléphant dans les Bouches-du-Rhône ne m'ont pas dit autre chose à l'heure de leur licenciement collectif. Si bien qu'en occupant leur usine, femmes et hommes pleins de cœur se donnèrent pour but de fonder une coopérative ouvrière de production.

Si les travailleurs du rang sont prêts à se passer de ceux qui les abandonnent après les avoir pillés, à plus forte raison les élus politiques de gauche doivent-ils être prêts à se passer des compliments des maîtres de la finance. L'élection présidentielle qui vient n'est pas un classement de sortie d'une grande école des carrières politiques. C'est l'entrée dans l'arène où il faut affronter les fauves.

Je n'avais pas imaginé d'être, si vite et si fort, encouragé par les faits qui m'avaient inspiré ce livre. Voir ses analyses confirmées n'arrive pas si souvent dans une vie d'engagement politique ! Il s'en est suivi un effet de mode chez les opportunistes. Elle m'a profondément réjoui. J'ai observé tant de conversions soudaines ! Qu'il est comique de voir mes contempteurs d'hier devenir mes imitateurs ! Comme je m'amuse de voir ceux qui m'ont si injurieusement repeint en « populiste » faire à présent des gargarismes en cadence

1. Pour connaître le détail de nos propositions pour refonder le système financier, voir le manuel citoyen pour gouverner face aux banques et aux marchés qu'a publié mon camarade l'économiste Jacques Généreux sous le titre, *Nous on peut !*, et que j'ai préfacé (Seuil, 144 pages, 11 euros).

contre « les riches », « les banques », « la nouvelle oligarchie » ! L'ardeur des nouveaux convertis les égare même parfois dans des excès inacceptables. Mon discours leur va comme un déguisement trop grand.

Pour des raisons de paresse et de confort, la charge contre ce livre se concentra sur quelques sujets. Sans doute ne savait-on que répondre sur le reste. Il est donc simple pour moi de comparer les thèmes essentiels du harcèlement haineux dont je fis l'objet avec l'évolution des situations qui servaient de prétexte à ma stigmatisation.

On traîna dans la boue le titre du livre : *Qu'ils s'en aillent tous !* Peu s'attardèrent sur le fait que c'était une traduction du slogan principal des révolutions sud-américaines. J'invitais à y réfléchir. Mais, comme dans toutes les fins de règne, les puissants semblent aveuglés de certitudes. Ils s'attendent à des révoltes sans voir venir les révolutions. Ainsi, quand le souffle frais des révolutions citoyennes a traversé l'Atlantique jusqu'en Méditerranée. Quelle surprise pour les importants des deux rives ! Il a secoué le vieux monde des régimes autoritaires du Maghreb et du Moyen-Orient. La traduction du slogan « Qu'ils s'en aillent tous ! » fut : « Qu'ils dégagent tous ! » En français, s'il vous plaît ! Et cela fut fait !

Les caciques inamovibles, leur parentèle et leurs clients hier éternels, furent jetés au tout-à-l'égout de l'histoire comme de l'eau sale. Le peuple se fit populiste, en quelque sorte. Alors on cessa de brocarder mon slogan « Qu'ils s'en aillent tous ! » Peut-être par peur d'en donner le goût ? Voici qu'il arrive en Europe. Ici, ce sont les indignés, là, les syndicats qui forment les premières vagues d'assaut. D'aucuns ricanent de nouveau puisque tout cela semble ne rien déclencher. Pour l'instant !

Pourtant, la chaîne a déjà craqué sur le vieux continent. Un quasi-secret, peu médiatisé. Devinez où ? En Islande. Ces gens ont refusé, par référendum, à deux reprises, de payer la dette de leurs banques. Et ils ont convoqué une Assemblée constituante. J'ai bien noté que, pour l'élire, ils ont suivi les recommandations de mon livre, qu'ils n'ont sans doute jamais lu. Petit pays, il est vrai. Mais la finance internationale toute puissante s'est cassé les dents sur lui. Tout comme l'impuissance des dirigeants de l'URSS face au désir de liberté de la Lituanie fut le vrai début de la fin pour eux, j'estime que la révolution tranquille de l'Islande annonce le début de la fin du règne des banquiers. La nouvelle révolution française prendra ce chemin, elle aussi.

Combien de jacasseurs et de pédants ne peuvent s'empêcher de garnir leurs appels à la résignation avec des couplets convenus sur « le monde qui change », la nécessité de vivre dans « un monde ouvert », et ainsi de suite ! J'ai noté que leurs propos n'étaient pas souvent capables d'aller au-delà de la récitation hypnotique. Ce monde dont ils parlent avec emphase, ils en ont une vision puérile. Ainsi, ceux qui se croient réalistes ne le sont guère. Donc ils sont dangereux.

Persuadés que tout est dit quand ils ont fini de gloser sur « les marchés », ils ignorent la réalité des rapports de force entre les nations et des bras de fer entre les blocs continentaux. L'économie, c'est de la politique, parce que tout commence et tout finit par des rapports de force. Ils pratiquent une « irealpolitik » plus dangereuse que la realpolitik des cyniques. Car la géopolitique impose ses raisons à qui ne sait pas lui imposer les siennes. C'est pourquoi je reviens sur ce qui m'a été reproché sur ce thème. Je ne suis pas dupe du confort que les idées toutes faites donnaient à ceux qui vinrent me narguer. Mes propres amis auraient préféré parfois que je m'expose moins sur les sujets de politique étrangère. Je n'en ferai rien. Ce sont des questions de vie ou de mort pour les peuples et les nations. L'histoire est tragique.

On ne peut proposer ses services et un programme à notre pays et confondre la scène du monde avec celle de Disneyland. J'en ai trop vu, j'ai trop tourné dans le monde pour ne pas savoir de quel prix peut se payer le manque de vision sur le sujet.

Je veux parler encore d'Europe. Certes, j'y consacre de longues notes sur mon blog[1]. Je sais à quel point le sujet ennuie tout le monde. On a tort. La partie monde se joue là. En tout cas pour nous. Et l'incurable nullité des autorités qui la dirigent ne peut servir de prétexte à se dissuader d'agir. Ni de parler avec la puissance que nous donne notre pays. La France n'est pas la cinquième roue du carrosse, mais la deuxième puissance économique de l'Union, pour l'instant, après la sénescente Allemagne. Le trouble qui secoue l'Union est notre affaire intérieure. Parfois d'une manière plus urgente que ne le voient les désinvoltes qui pullulent dans le petit monde des sociaux-libéraux euro-engourdis et de la droite euro-gavée. En voici des exemples, quitte à faire des histoires.

J'ai bien remarqué qu'on n'aimait pas du tout mes anticipations sur l'implosion de la Belgique ! Après avoir vu passer plus d'un an sans gouvernement du fait des ethnicistes flamands, le silence est tombé ! Dommage. Que la région capitale de l'Union européenne dont est issu le président permanent du Conseil européen[2] soit dans cet état ne soulève aucune passion et guère de commentaires. Les feux de la rampe sont ailleurs. La question reste. Si les Flamands rompent la Belgique, faut-il l'accepter ? La balkanisation de l'Europe tout entière commencerait. L'intangibilité des frontières en Europe est une question de vie ou de mort. Supposons que les Flamands créent cette néfaste nouveauté de la partition d'un pays fondateur de

1. www.jean-luc-melenchon.fr
2. M. Herman Van Rompuy.

l'Union européenne. Resterons-nous passifs ? N'avons-nous rien à dire aux Wallons délaissés et méprisés ? J'ai donné ma réponse personnelle. Il faudrait ouvrir les bras. Et ne pas repousser ceux qui voudraient venir. Cette idée court depuis au moins quatre siècles. Que m'objecte-t-on ? Rien. Des haussements d'épaules futiles. L'histoire broie ceux qui se moquent d'elle. J'aime ma patrie républicaine, je ne siège pas chez les étourdis.

J'ai aussi été sévèrement fustigé pour ce que j'ai dit du changement de mentalité des dirigeants allemands à propos de l'Europe.

Daniel Cohn-Bendit m'accusa de parler des « Boches[1] ». Rien de tel n'existe dans ce livre. Il ne l'a pas lu. Je suis le frère d'un autre allemand, Oskar Lafontaine. Je ne connais pas de Boche. Mais je sais quelle est la droite allemande avec laquelle les amis « Grünen » de Cohn-Bendit n'hésitent pas à s'allier. J'ai aussi suivi comme tout le monde le feuilleton des tergiversations de Mme Merkel face à la crise grecque. Vous avez vu la morgue des conservateurs allemands dans les institutions financières européennes ? Vous êtes donc maintenant fixés. Il existe un parti pris puissant en Allemagne en faveur de la reconstitution d'une zone mark maquillée en petite zone euro. Ce serait une erreur totale et un mauvais pas pour notre pays de laisser faire. Pourtant, les uns refusent de voir, les autres ont déjà capitulé. Pour moi, il est tout à fait détestable d'entendre des bonnes âmes proposer leur collaboration pour ce funeste projet, sous couleur d'harmonisation fiscale et sociale aux normes de notre voisin. Tel François Fillon qui propose que le départ en retraite se fasse à 67 ans, « comme en Allemagne ». L'Allemagne

1. M. Daniel Cohn-Bendit le 11 novembre 2010 sur LCI : « Jean-Luc Mélenchon, quand on voit son livre, [...] ce qu'il dit sur les Boches, c'est insoutenable, intolérable. »

fait l'objet d'une fascination malsaine en France de la part des déclinistes. Ils oublient l'essentiel : nous ! C'est-à-dire la puissance de la France. Car l'euro est notre monnaie. Nous avons le droit et le devoir d'en changer la gestion dans l'intérêt des productifs plutôt que des rentiers. C'est possible. Encore faut-il le vouloir.

Et ma mise en garde sur l'évolution autoritaire de l'Europe ? Comme d'habitude, les eurolâtres hurlèrent à la mort. L'aveuglement de tels fanatiques est dangereux pour ceux qui suivent leurs conseils ! Car on sait hélas à quoi s'en tenir maintenant. On a vu décréter l'obligation pour chaque État de soumettre son budget à l'approbation de la Commission européenne avant même de le présenter devant son Parlement[1]. Il a même été décidé un régime de sanction automatique contre les États « dépensiers ».

Le procédé de décision pour punir est tellement honteux qu'il est dissimulé derrière un écran épais de mots en chausse-trappe. Ainsi quand il est affirmé que seule une « majorité qualifiée inversée » pourrait empêcher les sanctions. Limpide, non ? Mais tellement tyrannique. Une surveillance trimestrielle du niveau d'endettement des États est décidée. Que reste-t-il de la souveraineté populaire dans les nations après cela ? Peu de choses. Très peu. Si bien que le mot de « mise sous tutelle » des États est entré jusque dans le vocabulaire ordinaire des candidats[2] à la primaire socialiste ou de leurs amis[3]. Le coup d'État des financiers est

1. Désignée sous le nom de « Semestre européen », cette procédure a été appliquée pour la première fois à partir de janvier 2011 pour soumettre à la Commission les budgets 2012 des États.
2. Manuel Valls qui, dans *La Tribune* du 29 septembre 2011, suggère que « les États qui vont très mal » soient « mis sous tutelle ».
3. Soutien de François Hollande, M. Jean-Pierre Jouyet, président de l'Autorité des marchés financiers et ex-ministre de Sarkozy, a trouvé « normal », le 8 septembre 2011 sur la radio BFM, que la Grèce puisse être mise sous tutelle.

ainsi consommé. Ils occupent la Grèce pour la dépouiller, ils ont prononcé l'annexion politique du reste de l'Union. Les partisans de « la règle d'or », ce « piège à cons » selon Jacques Delors lui-même, font leur basse besogne.

Je ne veux pas oublier à cet instant ce que me coûtèrent de lazzis mes lignes à propos de la Chine ! Ah, la Chine ! J'avais, faute de place et de temps à perdre dans un texte aussi bref, oublié de réciter l'intégrale des mantras que le politiquement correct et l'ambassade des États-Unis exigent sur le sujet ! Tragique faute de goût. Surtout que je plaide pour une coopération privilégiée avec ce pays. Je n'accepte en effet ni qu'il domine le monde ni qu'il vive en couple avec les États-Unis. Le dire, est-ce renoncer à mon engagement sans faille depuis quarante ans pour les droits de l'homme et les droits ouvriers ? Parmi ceux qui m'en font le reproche, combien ont leur faiblesse pour Pol Pot et pour l'ayatollah Khomeyni, combien en ont pour le centre de torture de Guantánamo et pour le blocus de Gaza ? Et combien n'ont pas un mot pour les syndicalistes assassinés partout dans le monde.

Je veux faire le pari d'une pacifique et transparente coopération directe avec la Chine plutôt que d'attendre dans l'antichambre où les États-Unis négocient sur notre dos. Je fus accusé en boucle : « tendresse » suspecte. Depuis lors, hélas, chaque pays de l'Europe des dettes a léché les pieds des Chinois pour qu'ils achètent de la dette souveraine ou quelques-uns des actifs à privatiser. Le Premier ministre grec et même le portugais, deux sociaux-libéraux bon teint et grands récitants de bonnes intentions humanistes, invitèrent les autorités chinoises à un voyage pour la braderie des biens de leurs pays. Personne ne leur demanda s'ils avaient exprimé des récriminations sur les droits de l'homme et les mauvais traitements du capitalisme en Chine.

Peut-être en avait-on épuisé la réserve en me la lançant sans cesse à la figure ?

En panne d'acquéreur pour leur dette insolvable, les États-Unis ont été à Pékin s'expliquer sur l'état de leurs finances ! Ont-ils pensé à parler aussi du dalaï-lama et de la nécessaire partition du quart du territoire de la République populaire de Chine ? Personne ne le leur a demandé. Même Robert Ménard, le grand organisateur de la provocation contre le passage de la flamme olympique, devenu entre-temps admirateur du Front national, oublia de relever ces trafics. Le temps des billevesées semble terminé. Les bruyants outragés d'hier ont donc disparu du paysage. Tant mieux. Mais l'humiliation de nos pays reste. Car dans ces cas, la tendresse pour la Chine a été tarifée. Et trop passagère pour être féconde.

Il faut changer de méthode de A à Z dans ce domaine. Il faut parier sur l'évolution de la Chine, parier sur le dynamisme de son peuple qui n'a besoin de personne pour trouver son chemin cette fois-ci comme aux précédents grands moments de son histoire. Un bon commencement serait de s'occuper plus amicalement des Chinois présents en France, de libérer des gangs ceux qui y sont soumis et d'être moins pingres dans l'attribution des papiers et des autorisations de présence sur notre territoire des étudiants asiatiques !

C'est cela le concret, l'urgent, ce qui est créatif et qui va de l'avant avec une vision optimiste du futur.

J'ai dit que les États-Unis étaient nos véritables concurrents. « Antiaméricanisme primaire », ont couiné les répondeurs automatiques ! À présent qu'on a vu ce « grand pays ami » jeter de l'huile sur le feu de la crise en Europe par des déclarations alarmistes et des publications mensongères, puis étrangler des banques européennes en leur coupant l'accès aux dollars, n'est-il pas temps de regarder en face le problème qu'ils nous posent ?

J'assume mon diagnostic : les États-Unis sont un grave problème pour les Européens. Les États-Unis d'Amérique ne peuvent maintenir en place le système qu'ils dominent, et qui leur permet de vivre au-dessus de leurs moyens, sans éliminer tous les concurrents au dollar. C'est la masse immense des dollars qu'ils ont répandus dans le monde qui est la cause centrale des crises du système financier. Ces dollars n'ont aucune contrepartie matérielle réelle. Ce sont seulement des morceaux de papier dont la valeur n'excède pas celle de l'encre qui a servi à les imprimer. C'est parce qu'on commençait à observer un mouvement de fuite des placements en dollars au profit de l'euro que celui-ci a été attaqué de toutes les façons possibles par l'empire et par ses agents. Tels sont les faits. Dois-je citer la présidente du Medef quand elle s'en aperçut pour que cette thèse entre dans le débat public ?

Dans ce livre, il y a un an, je proposais de lire l'évolution des rapports de force mondiaux sous un angle nouveau. Une « bifurcation » est à l'œuvre.

Le mot « bifurcation » décrit bien le phénomène. Mieux que l'usage abusif du mot « crise » qui laisse croire possible un retour à l'équilibre d'hier. La bifurcation, c'est un changement de trajectoire. Le moteur reste le même, l'énergie dépensée aussi. Mais la direction change du tout au tout. Une même série de causes produit un effet tout à fait différent de ceux qui s'observaient jusqu'à ce point. Une pichenette sur un corps en mouvement y suffit. À plus forte raison un très gros coup d'épaule.

La bifurcation qui s'annonce, la voici : en passant mécaniquement en tête des nations, l'atelier du monde, la Chine, renvoie les États-Unis d'Amérique en queue de peloton, là où personne ne leur achète leurs titres de dettes et où ils sont obligés à la fois de rembourser et de travailler. Les États-Unis font tout pour éviter cela et on les comprend. Un expédient provisoire consiste pour eux à empêcher l'euro de se substituer au dollar comme monnaie de réserve mondiale. Mais un projet à plus long terme est en cours. Celui d'unifier en une seule zone, sans entrave réglementaire ni tarifaire, les États-Unis d'Amérique et l'Union européenne. Car l'Union européenne est la première zone économique du monde. Sa production représente le quart de la richesse mondiale. Le hold-up nord-américain est programmé pour 2015. Il porte un nom : « le Grand Marché transatlantique (GMT[1]) ». Son principe et son contenu ont donné lieu à plusieurs votes du Parlement européen et à de nombreuses réunions intergouvernementales. Mais il n'en est question nulle part devant les opinions. Pourquoi ?

Comprendre et analyser la « bifurcation » et ses rythmes est la clef du moment historique que nous vivons. Les hiérarchies de la puissance sont en train de changer rapidement. Très rapidement. Il est donc vital pour l'Europe d'affirmer son indépendance plutôt que d'être emportée dans la chute des États-Unis. Car l'effondrement des USA a commencé. C'est la première fois en temps de paix que la dette publique états-unienne dépasse leur richesse nationale. Le niveau est pire qu'avant la crise de 1929 qui provoqua la Seconde Guerre mondiale. En effet, leur dette totale, publique et privée, atteint 375 % de leur richesse nationale, contre « seulement » 270 % en 1929. Depuis le printemps 2011, près de la moitié des dépenses fédérales sont financées par l'emprunt. Et le reste du monde ne peut plus payer pour financer

1. Pour une présentation détaillée de ce projet qui avance dans le dos des citoyens, voir *Le Grand Marché transatlantique – Les multinationales contre la démocratie*, des universitaires Ricardo Cherenti et Bruno Poncelet, que j'ai préfacé en avril 2011 (Éditions Bruno Leprince, 112 pages, 5 euros).

le train de vie des USA. Si bien que la majorité des emprunts émis sont désormais achetés par la banque centrale états-unienne elle-même. La planche à billets tourne donc follement.

Cette fuite en avant des États-Unis explique l'escalade militaire qu'ils ont imposée au monde depuis 2001. Depuis dix ans, leurs dépenses militaires sont passées de 16 % à 20 % des dépenses fédérales. C'est ici la moitié des dépenses militaires mondiales ! Le budget du Pentagone a ainsi doublé en dix ans et il est devenu le cœur politique et financier de l'État. Selon les calculs de l'université américaine Brown, dix ans de guerre en Afghanistan et huit ans de guerre en Irak ont entraîné 4 000 milliards de dollars de dépenses militaires. Un « effort de guerre » qui fonctionne comme une gigantesque subvention aux industries et au commerce nord-américain. Un scandale qui saute aux yeux dès que l'on compare les sommes entre elles. Quatre jours de guerre en Afghanistan suffiraient à scolariser tous les enfants de ce pays pendant un an !

Logiquement, ces dépenses militaires représentent plus de la moitié de l'augmentation de la dette publique états-unienne. Elle est passée de 6 800 milliards de dollars en 2001 à plus de 14 000 milliards aujourd'hui. Obama a continué Bush. Pour 2012, en dépit du contexte d'austérité, le budget du Pentagone est encore augmenté de 5 milliards. Le bilan ne se calcule pas en kilomètres de parades militaires. Le danger de l'économie d'armement c'est qu'elle a besoin de guerres. Le bilan des morts des tours jumelles de New York a été fait cent fois. Celui des dix ans de guerres de l'empire menées en leurs noms n'est jamais évoqué.

Depuis le 11 septembre 2001, selon l'université américaine Brown, les conflits dans lesquels les USA sont engagés ont entraîné 225 000 morts dont 172 000 civils tués. Sans parler des 365 000 blessés et des huit millions de réfugiés et de déplacés dont sont responsables ces guerres de l'empire. S'écarter de lui, refuser qu'il nous entraîne dans son naufrage, fermer ses prisons secrètes, quitter son organisation militaire, chasser de toutes nos pratiques et références politiques son discours paranoïaque sur « le choc des civilisations », c'est faire œuvre de salubrité publique dans le domaine des relations internationales. C'est obliger les peuples américains à se remettre en question et à se trouver un autre chemin. C'est donc commencer une belle nouvelle page de l'histoire. Paix, partage et laïcité sont à proposer au monde comme le nouveau message auquel nuisent les États-Unis. Car l'attelage mortel qu'ils incarnent, liant un système de consommation sans bornes, shootée au crédit permanent et à la pub, appuyé sur un modèle d'économie d'armement, est le danger majeur de ce temps. Il est la cause centrale de la crise de la civilisation humaine.

Je dois tout de suite élargir mon propos. Tout ce que je pourrais écrire encore sur ce thème ne fera que déséquilibrer ce qu'il faut voir à propos de ce que j'appelle « la crise de la civilisation humaine ». Vous venez de lire, avant ces lignes, mon chapitre sur la planification écologique. J'y ai plaidé pour une vision globale du défi que l'humanité doit relever. Je ne crois pas qu'on m'ait trouvé excessif sur ce sujet. J'aurais voulu que les faits me donnent tort. C'est le contraire qui s'est produit.

Comme tout un chacun, je suis saisi d'effroi par les nouvelles qui se bousculent à ce sujet. La catastrophe de Fukushima et bien d'autres incidents et accidents nucléaires ailleurs n'ont pas démenti ce que j'ai dit après d'autres de cette source d'énergie. Ma conviction est connue. Je suis fier d'avoir signé un programme politique qui met à l'ordre du jour un débat sans entrave sur le sujet et propose au peuple de trancher lui-même par référendum. Je pointe avec la même force le danger immédiat du recours sans fin aux énergies carbonées dont il faut absolument sortir. Car ce sont elles qui enclenchent le dérèglement climatique.

L'année qui vient de s'écouler a aussi vu s'accumuler les mauvaises nouvelles sur le front du changement climatique. Il ne pouvait pas en être autrement puisque c'est le règne du « laisser-faire » dans tous les domaines de production, de la consommation et des échanges.

2010 a ainsi été l'année d'un nouveau record d'émissions de dioxyde de carbone dans le monde, en hausse de 5 % sur le précédent record de 2008. L'année 2010 a aussi été la plus chaude depuis qu'existent les statistiques. Les dix années les plus chaudes jamais relevées se sont toutes déroulées depuis 1998. Et en décembre 2010, quelques semaines après la sortie de la première version de ce livre, la calotte glaciaire arctique avait atteint sa taille la plus petite jamais observée.

Qu'il s'agisse d'un cycle long de l'histoire du climat est bien possible. Que l'activité humaine soit la « quantité négligeable » qui déclenche le changement de phase, voilà ce qui semble bien démontré. Quoi qu'il en soit, ce réchauffement climatique contribue à une catastrophe alimentaire mondiale, dans l'indifférence la plus totale des pays riches. Les prix des denrées alimentaires sont au plus haut depuis juin 2008, date du pic qui avait entraîné les émeutes de la faim dans plusieurs pays. Le cours du blé a doublé en un an et la famine touche des millions d'êtres humains supplémentaires de toute part.

Face à cette catastrophe déjà engagée, la lutte contre le réchauffement climatique est dans l'impasse. Après l'échec des conférences internationales de Copenhague en 2009 et de Cancún en décembre 2010, tout a été renvoyé à la réunion suivante. Il n'y a pour l'instant aucun engagement international de réduction des émissions de gaz à effet de serre pour succéder au protocole de Kyoto en 2012. Or, les émissions ont augmenté de 40 %

de 1990 à 2010, alors qu'il faudrait les réduire de 40 % d'ici à 2020 ! Et aucune extension du périmètre des pays engagés par le protocole de Kyoto n'est envisagée : il ne couvre toujours pas les USA ni les grands émergents, c'est-à-dire qu'il passe à côté des trois quarts des émissions mondiales de CO_2 !

Le prétendu « capitalisme vert » produit aussi des mirages dans la lutte contre le réchauffement. Par exemple, la ruée des industriels sur les solutions de captage et de stockage du CO_2. Ce marché est estimé à 600 milliards d'euros en Europe. Il sert surtout de prétexte pour ne pas réduire les émissions elles-mêmes. Il en est de même du marché carbone, solution inefficace privilégiée par l'Union européenne. Ce marché a même dû être fermé par la Commission européenne en janvier 2011 parce qu'il était devenu une pétaudière disloquée par la spéculation. Il y a pire encore. L'aubaine financière liée aux techniques de destruction de gaz industriels à effet de serre a conduit des industriels à augmenter volontairement la production de ces gaz en Inde et en Chine pour pouvoir encaisser les aides financières liées à leur destruction. Il est vrai que ces aides représentent jusqu'à quatre-vingts fois le coût de production et de destruction de ces gaz. Ce gâchis et ces contre-performances sont consternants. Ils montrent bien combien l'élite dirigeante est au bout du rouleau, inepte, incapable, nuisible. Donc bonne à jeter.

J'entends bien l'argument selon lequel produire c'est travailler et échanger. Mais pourquoi produire autant de choses inutiles et destructrices et ne jamais se demander quels biens et services seraient nécessaires et ne sont pas aujourd'hui disponibles ? Pourquoi produire salement ? Pourquoi produire inhumainement dans l'industrie comme dans l'agriculture ?

En proposant la planification écologique, j'ai provoqué des révulsions dont je ne comprends pas la logique. Quand le numéro deux du parti Vert, Jean-Vincent

Placé, affirme : « L'écologie ne se planifie pas », j'en suis pantois ! Je crois, au contraire, que si quelque chose doit être planifié, c'est bien l'action de long terme que demande la conversion du système productif sur des normes et des objectifs écologistes. C'est d'ailleurs ce qui justifie le système de visas écologiques et sociaux aux frontières de l'Europe que nous voulons installer. Ce nouveau protectionnisme n'a aucune vertu de long terme sans la planification écologique qui lui fixe ses objectifs. Je crois que, dans ce domaine, comme dans bien d'autres, le débat public est surplombé par la peur de l'ampleur des changements que la situation rend nécessaire. C'est pourtant là que se trouve le cœur de la question. Selon la manière dont on tranche, on peut soit fracasser la civilisation humaine, soit annoncer son renouveau exaltant.

Pour moi, plus que la crainte du désastre, c'est l'esprit de conquête qui me porte. Car ce que nous avons à organiser fait appel au meilleur de l'esprit d'invention et de créativité. Il donne aux savoir-faire et qualifications de tous niveaux un stimulant horizon d'efforts communs. Coude à coude, chercheurs, ingénieurs, ouvriers y trouveront leur place, leur dignité et leur enthousiasme. Ce sera la base d'une réindustrialisation maîtrisée de nos pays.

Je n'en reste pas à la satisfaction d'avoir su comprendre mon époque mieux que d'autres qui pourtant font la pluie et le beau temps chez les décideurs. La saison des tempêtes est commencée. En France comme ailleurs, l'heure de vérité approche. Ce système absurde se donne des coups tels qu'il peut se faire tomber lui-même. Mais quelle révolution commence autrement que par l'épuisement de l'ancien régime ? Bien sûr, il ne suffit pas qu'il tombe de lui-même pour que tout change en mieux. Il faut qu'un autre futur se dessine assez fortement pour que le commun des mortels se mette en mouvement et s'occupe lui-même de ce qu'il faut y faire. C'est dans ce défi que réside toute la formidable promesse de ce moment de l'histoire. À l'heure où j'écris ces lignes, je sais très bien que le curseur n'est pas fixé dans l'esprit du grand nombre. Entre indignation et résignation, entre peur et audace, les cœurs et les esprits balancent. Entre les deux termes, il y a toute la palette des demi-teintes. Le peuple travaille à l'économie et fait ce qui lui paraît le moins pénible à réaliser. Faut-il lui donner tort ? Au contraire.

Car c'est par ce bon sens, économe de ses moyens, que viennent les révolutions citoyennes de notre temps. Me voici rendu au moment d'en faire le portrait. Pour mieux la reconnaître quand elle se manifeste.

Qu'est-ce que la révolution citoyenne ? Le singulier est presque de trop. Il n'y a pas de modèle. Il faut observer ce qui s'est passé, là où ces révolutions ont eu lieu. Bien sûr il y a mille éléments qui entrent en ligne de compte et chaque cas est absolument spécifique. N'empêche ! Il y a aussi des constantes.

On peut résumer cette idée en disant que les mêmes choses se passent différemment suivant les lieux. Ce que j'ai observé dans les pays révolutionnés, c'est que le grand nombre ne se met pas en mouvement pour des motifs idéologiques, ni pour réaliser un programme en particulier. Je note qu'il s'agit chaque fois de régler des problèmes concrets que les pouvoirs et les importants se montrent définitivement incapables de régler. Et souvent, les importants ignorent les questions qui se posent. Ils ne les voient même pas.

Ce sont les choses de la vie quotidienne, banales, celles dont on a besoin pour vivre tous les jours. En général, alentour, il y a aussi une agitation sociale parfois très vive. Mais ce n'est pas de l'entreprise que surgit l'événement. La dimension sociale de l'action prend le visage des jeunes précarisés, aux emplois du temps disloqués par les petits boulots et frustrés par leur haute qualification et leur déclassement social. Le lieu emblématique qui rassemble cette catégorie sociale, c'est la ville, ses rites, ses rendez-vous. Car la ville, le quartier, est alors le lieu où se fait l'identité collective des gens. C'est là que se passe et se voit tout ce qui compte et que se forment le plus librement les solidarités spontanées et les cultures communes. C'est nouveau. Avant, le monde était rural avec des archipels d'ouvriers autour des usines. La révolution citoyenne est une action citadine. Il est très significatif que tout ait commencé sur des places publiques, un peu partout ! La ville est un milieu hautement communiquant. Les nouvelles circulent vite. Et l'action se coordonne de même.

La place des réseaux sociaux qui a beaucoup été évoquée, à juste titre, ne peut être dissociée de cette réalité physique. Quand la vie quotidienne se bloque sur un sujet essentiel, une seule étincelle met le feu à la plaine. En Tunisie, c'est une affaire de droit de place d'un marchand ambulant, au Venezuela, le prix du ticket de bus, en Bolivie, le prix de l'eau, et ainsi de suite. Et aussitôt, ce qui est mis à l'ordre du jour par l'action, c'est immédiatement la question du pouvoir. Les gens ne se coalisent pas sur des mots d'ordre idéologiques, anticapitalistes par exemple, ou autre, même s'ils disent des choses qui s'y rattachent. Ils veulent décider. Décider eux-mêmes pour régler eux-mêmes les problèmes. Et s'il en est ainsi, c'est de guerre lasse, parce que tout autre recours paraît vain. Ils se disent que eux prendront des décisions que je nommerais « d'intérêt général ». Les gens sont convaincus que ce qu'ils décideront sera juste parce qu'ils pensent que ce sont ces intérêts particuliers qui bloquent les bonnes décisions.

C'est pourquoi le changement des institutions, la convocation d'une Assemblée constituante, est le premier point commun à toutes ces révolutions, de l'Islande à l'Équateur. Donc, pour résumer, le mouvement commence par la conjonction d'un environnement social tendu et d'une structure politique incapable. Il se donne des objectifs de pouvoir politique.

Les révolutions de notre temps ont un carburant social et un moteur démocratique. Elles sont liées au mode de vie urbain et à sa jeunesse éduquée. Elles ont un caractère de mouvement permanent, inscrit dans la durée, qui pose une question après l'autre, et non la forme d'un grand soir avec un « coup de main » bref et violent. Ce n'est ni mieux ni pire qu'avant. C'est comme cela, et c'est pourquoi il est si important de le savoir pour comprendre ce qui se passe sous nos yeux.

Le processus de la révolution citoyenne est commencé dès que des gens se mobilisent pour des objectifs d'intérêt général et cherchent une méthode démocratique pour régler les problèmes posés.

Dans notre pays, des répétitions générales ont lieu sans cesse avec l'organisation de référendums populaires, comme celui sur la Poste organisé par les syndicats et les partis de gauche, de marches citoyennes, comme celles contre l'exploitation des gaz de schiste, de réseaux d'action, comme celui de défense des services publics, notamment dans la santé pour défendre les maternités de proximité. Son déroulement met parfois à nu bien des contradictions. Comme celle par exemple qui oppose des élus et des militants socialistes à leur propre camarade, Claude Evin, directeur de l'agence régionale de santé en Île-de-France.

Mais ces contradictions n'empêchent pas l'action ni le rassemblement. Le mouvement n'exclut pas, il ne règle pas de comptes. Il agrège et éduque en agrégeant. C'est un bien précieux pour le pays que cette force de rassemblement, où la bataille pour l'intérêt général brasse notre peuple et ses élites humaines sans se pourrir en querelles et compétitions internes.

La phase de paroxysme, celle où a lieu l'occupation des places et la chute des gouvernements, ne surgit donc pas soudainement. Elle est préparée par une longue maturation v[illegible]fondeurs du terrain local. Il s'agit en quelque sorte d'un apprentissage.

En France, le processus est engagé de longue main. On se souvient du référendum de 2005 qui vit le traité constitutionnel rejeté. Cette bataille fut gagnée contre tout le système institutionnel et la meute de ses porte-parole grâce à cette sorte d'action moléculaire venue du terrain.

À l'heure où j'écris, mon sentiment est que l'élection présidentielle de 2012 doit être menée par nous, au Front de Gauche, comme un moment de cette révolution citoyenne en gestation. Elle doit être un temps d'éducation populaire collectif, plutôt que le sordide et traditionnel ballet égotique que sont devenues les campagnes électorales sous la Cinquième République.

Dès les premiers mois de cette saison politique, des options magnifiques ont surgi du terrain. Je connais l'inconfort d'avoir à citer en exemple des cas particuliers. Mais tout de même ! Que d'évolution sur ces fronts de luttes ! J'y ai trouvé nombre des ingrédients qui fondent les révolutions citoyennes. C'est l'action qui déclenche une dynamique de projet plus ample que la seule survie. C'est ainsi que revient à présent le goût d'une alternative au capitalisme comme solution d'un problème concret. Telle est la signature qui permet d'identifier un événement de la famille de ceux qui font une révolution citoyenne.

Je dois conclure, ou bien écrire un nouveau livre. Cela viendra, bien sûr, puisque je vis la plume à la main, comme le montre la tenue de mon blog. J'ai voulu rédiger cette postface pour que, en achevant de lire ce livre, les yeux qui m'ont lu, les cœurs et les esprits qui se seront imprégnés de son appel à l'action retrouvent l'ambiance allante que je les invite à vivre avec moi dans la campagne présidentielle. Je n'ai plus le loisir des heures que me demanderait un nouvel ouvrage pour approfondir le message de ces lignes. Je suis déjà tellement absorbé dans la campagne électorale des élections présidentielles et législatives. Je suis au poste du candidat commun du Front de Gauche. La responsabilité qui m'échoit et l'honneur d'avoir été choisi pour cette mission me font accepter de grand cœur une rude et dévorante discipline de travail très intense.

Depuis la publication de ce livre, le programme annoncé dans mon introduction a vu le jour. Son beau titre proclame : *L'humain d'abord*[1]. Rien n'est plus contraire aux valeurs cruelles qui dominent et organisent le monde actuel que cette option préférentielle pour l'humain. Déjà des dizaines de milliers d'exemplaires vivent leur vie dans les mains des citoyens de toute condition, lus, échangés, commentés.

Un lien invisible nous unit qui nous permet de tourner les yeux vers un horizon commun. Nous ne savons ni quand ni comment viendra notre heure collective. Mais notre union est un commencement si grand ! Elle nous rend si forts ! Où que nous soyons, isolés ou pas, nous ne sommes plus seuls, éparpillés, condamnés à choisir entre ceux qui donnent des coups de bâton et ceux qui proposent des pansements. Nous avons notre propre parole qui porte loin parce que nous la portons tous ensemble. Nous voici adossés au meilleur de l'histoire de notre pays, avec un drapeau sans tache et une chemise neuve.

Les mauvais jours finiront. Le peuple est sur les places. Place au peuple !

Octobre 2011

---

1. *L'humain d'abord. Le programme du Front de Gauche et de son candidat commun Jean-Luc Melenchon*, Librio 2 euros.

Table

9711

Composition
NORD COMPO

Achevé d'imprimer en Slovaquie
par Novoprint SLK
le 3 avril 2012.

1er dépôt légal dans la collection : octobre 2011.
EAN 9782290039762

ÉDITIONS J'AI LU
87, quai Panhard-et-Levassor, 75013 Paris

Diffusion France et étranger : Flammarion